VIVA CUBA!

ein literarisch-kulinarischer Streifzug

Lázara Izquierdo Pedroso

A mi madre, que siempre está dispuesta a encantar con algo sabroso,
improvisar algo rápido y paladear algo cubano.

An meine Mutter, die immer bereit ist, etwas Leckeres zu zaubern,
etwas Schnelles zu improvisieren und etwas Cubanisches zu genießen.

Foodfotografie: Barbara Bonisolli

Inhaltsverzeichnis

GIBT ES ETWAS SCHÖNERES, ALS UNTER SUBTROPISCHER SONNE ÜBER HAVANNAS MALECÓN ZU SPAZIEREN UND SICH EINEN **MOJITO** ODER DIE SAFTIGEN SCHEIBEN EINER **FRUTA BOMBA** AUF DER ZUNGE ZERGEHEN ZU LASSEN, LEBENSFROHE **SALSA**-RHYTHMEN IM HINTERGRUND? OB SIE NUN **CUBA** BEREITS KENNEN ODER NICHT – DIE **KARIBISCHEN SEHNSÜCHTE** WERDEN BESTIMMT AUCH SIE SCHON EINMAL ZUM TRÄUMEN GEBRACHT HABEN. UND CUBA IST MEHR ALS KARIBIK.

Denn spätestens mit dem Musik- und Film-Fieber, dass *Buena Vista Social Club* ausgelöst hat, ist die cubanische Kultur noch ein Stückchen mehr in den nordeuropäischen Alltag gerückt. Dabei blieb einer ihrer grossen Schätze bisher unentdeckt: Unsere Küche. Dieses Buch – das erste cubanische Kochbuch – schließt diese Lücke.

Mit jedem Rezept, dass Sie von nun an kochen und genießen können, nähern Sie sich der cubanischen Lebensart, lernen sie besser verstehen – und lieben. Schließlich ist die Zubereitung und der Genuss der täglichen Mahlzeiten für uns Cubaner nicht nur ein soziales Ereignis, sondern auch eine unserer größten Leidenschaften.

Das spiegelt sich bereits in unserer Sprache wider. Wieso lautete sonst eines der beliebtesten Komplimente: *Si cocinas como caminas, me como hasta la raspa* [wenn du genauso kochst, wie du dich bewegst, esse ich sogar das, was als Kruste im Topf zurückbleibt]? Wer sich rundherum wohl fühlt, ist *como el calamar en su salsa* [wie der Tintenfisch in seiner Sauce], und eine Person, die »in Ordnung« ist, ist *mamey* [eine tropische Frucht].

Natürlich legt auch unsere Literatur Zeugnis von der cubanischen Leidenschaft an kulinarischen Genüssen ab. So schrieb der Schriftsteller Manuel de Zequeira bereits Ende des 18. Jahrhunderts die *Oda a la Piña* [Ode an die Ananas] – die Königsfrucht der Insel.

Hier sind Sie – unabhängig davon, ob Sie Fleischesser oder Vegetarier sind – auf eine unvergesslich kulinarisch-kulturelle Expedition eingeladen. Lassen Sie sich auf den folgenden Seiten von knusprig frittierten *Plátanos Machos* [Kochbananen] verführen, von mariniertem frischem Fisch, einem *Flan de calabaza* [ein Pudding aus Kürbis], einem *Café criollo* oder einem *Dulce de fruta bomba* [einem köstlichen Dessert aus der Papaya-Frucht] – und sich dabei die Erzählungen, Mythen, Lieder und Gedichte der cubanischen Kultur auf der Zunge zergehen.

Entstehung der cubanischen Küche

»SEIT EINIGER ZEIT BEREITS WUSSTE OBATALÁ [SCHÖPFER DES MENSCHEN], DASS ORULA [GOTT DER WAHRSAGUNG] SEHR EINFALLSREICH UND VERNÜNFTIG WAR. MEHRERE MALE WAR ER FAST SOWEIT, IHM DIE HERRSCHAFT ÜBER DIE WELT ZU ÜBERGEBEN, ALLEIN, DASS ORULA NOCH SO JUNG WAR, HIELT IHN DAVON AB. EINES TAGES WOLLTE OBATALÁ WISSEN, OB ORULA TATSÄCHLICH SO KLUG WAR, WIE ER DACHTE, UND BEFAHL IHM, DAS BESTE ESSEN DER WELT ZU BEREITEN. ORULA GING OHNE EIN WORT ZU SAGEN AUF den Markt, kaufte eine Bullenzunge und würzte und kochte sie so gut, dass *Obatalá* sie in vollen Zügen genoss. Nach dem Essen fragte *Obatalá* ihn nach dem Grund seiner Wahl. *Orula* antwortete: Mit der Zunge verleiht man ashé [spirituelle Energie, aus der das Universum erschaffen ist], man rühmt und verkündigt Tugenden, man erhöht die Taten der Menschen und die Menschen selbst...

Einige Zeit danach verlangte *Obatalá* ein neues Gericht, diesmal es schlechteste Essen der Welt. Erneut ging *Orula* auf den Markt, kaufte zum zweiten Mal eine Bullenzunge und kochte sie. Als *Obatalá* das sah, fragte er, wie es möglich sei, dass das beste und das schlechteste Essen das gleiche wären? *Orula* antwortete: Mit der Zunge verkauft und verliert man ein Volk, verleumdet Menschen, zerstört einen Ruf, spricht Gemeinheiten...

Obatalá, beeindruckt von der Intelligenz und der frühen Reife *Orulas,* übergab ihm die Regierung über die Welt.«

Nach dieser Erzählung der cubanischen Mythologie kann sich in der Zubereitung aller Lebensmittel die Weisheit der Menschen ausdrücken.

Die cubanische Küche ist in ihrer kulturellen Mischung und Entwicklung einzigartig. Indios und Spanier, Afrikaner und Chinesen haben den gigantischen karibischen Kochtopf mit ihren traditionellen und innig geliebten Zutaten gefüllt und ließen ihn so lange auf kleiner Flamme köcheln, bis nur die besten Eigenschaften jedes Gerichtes zurückblieben. So wird die cubanische Küche nicht umsonst als *kreolische* Küche bezeichnet: Sie entspricht einer Mischung aus unterschiedlichen »Rassen«, Hautfarben und Kulturen.

Die Einflüsse auf die Ess- und Kochgewohnheiten der Cubaner gehen bereits auf die vorkolumbianische Zeit zurück. Die Ureinwohner Cubas, Jäger, Sammler und Ackerbauern, ernährten sich von dem, was die Insel im Überfluss zu bieten hatte: tropische Früchte, Fisch, Schildkröten, Schlangen und Leguane. Und sie bauten Gemüse und Mais an – heute Hauptbestandteile der karibischen Mahlzeiten.

Mit der spanischen Eroberung der Antillen Ende des 15. Jahrhunderts setzte sich in Cuba die galizisch-asturianische Küche durch. Die Südeuropäer brachten für ihren täglichen Bedarf Bohnen, Erbsen, Linsen, Rüben,

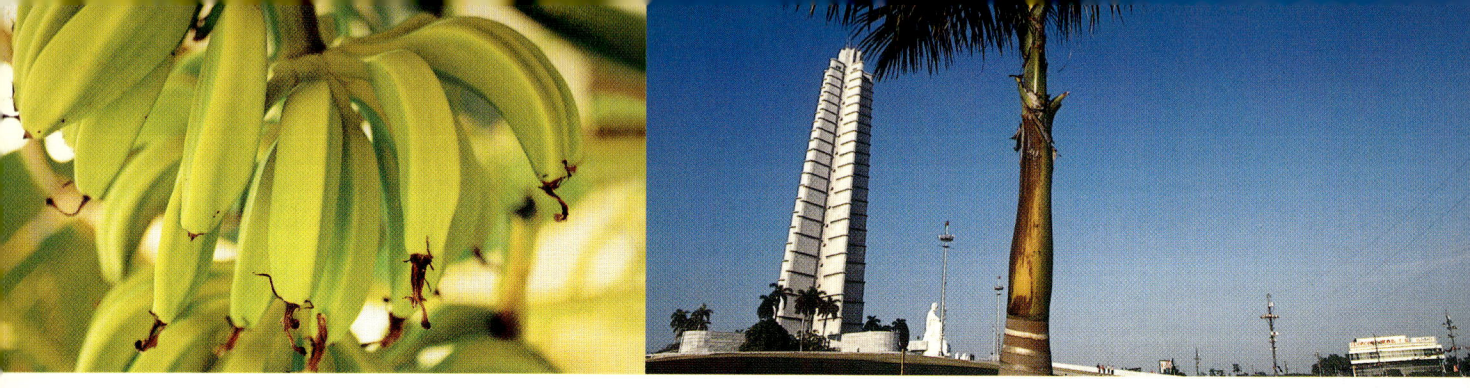

Möhren, Petersilie, Auberginen, Knoblauch und Zwiebeln auf die Insel. Die häufigen Bohnengerichte auf dem kreolischen Esstisch sind eindeutig spanisches Erbe – ebenso die Gewohnheit, die Hauptgerichte mit Zwiebel und Knoblauch abzuschmecken.

In der zweiten Hälfte des 18. Jahrhunderts eroberten die Engländer die Stadt Havanna und förderten den freien Handel (neben Tabak) mit Zucker – heute noch wichtigstes Gut der cubanischen Handelsbeziehungen. Das mag dazu beigetragen haben, dass wir Cubaner als »Zuckermäuler« gelten. Süßspeisen sind bei uns sehr verbreitet.

Auch die Zeit des Sklavenhandels beeinflußte die Zusammensetzung und Kultur der Insulaner. Seit 1790 wurden afrikanische Sklaven auf die Insel gebracht, um in den Zuckerplantagen zu arbeiten. Sie ernährten sich von dem, was ihnen ihre weißen Herren vorsetzten, ließen aber auch ihre eigenen Kochgewohnheiten in die europäischen Töpfe fließen, da sie in den Herrenhäusern als Hausangestellte und Köche arbeiten mussten. So manches Gericht überzeugte dabei durch seinen Geschmack: beispielsweise die köstliche Suppe aus den Blättern der *Taro*-Pflanze (die heute noch ihren ursprünglich afrikanischen Namen

Calalú trägt), oder *Fufú*, ein Püree aus Kochbananen, Süßkartoffeln oder anderem Gemüse, das heute auf der ganzen Insel beliebt ist.

Die streng durch Herrschaft und Unterdrückung geprägte Gesellschaft unterschied zwischen den in Spanien und den in Cuba Geborenen und den Afrikanern. Das Wanken dieser Gesellschaftshierarchie spiegelte sich in der Essenskultur. So galt es als eine der ersten eroberten »Freiheiten« des cubanischen Bürgertums, nicht mehr im spanischen Stil zu essen. Die neuen Kochgewohnheiten waren Ausdruck eines sich herauskristallisierenden kulturellen Bewusstseins, das die Vorherrschaft der spanischen Kolonialherren zu untergraben wusste.

Auch Chinesen arbeiteten seit Mitte des 18. Jahrhunderts auf den Zuckerrohr-, Tabak- und Kaffeeplantagen – unter ähnlich schlechten Bedingungen wie die schwarzen Sklaven. Cuba wurde zudem Anziehungspunkt für chinesische Einwanderer aus den USA, die aufgrund von Diskriminierung und Arbeitskonflikten nach Cuba flüchteten. Sie brachten ihre beliebtesten Nahrungsmittel mit – unter anderem den Reis, der heute, neben den »spanischen« Bohnen, zweites Grundnahrungsmittel der Cubaner ist. Sie überzeugten auch durch ihren Anbau vielfältiger Gemüse- und Obstsorten: Der *Plaza de la Revolución* im Herzen Havannas soll früher ein von Chinesen angelegtes Meer aus Blumen- und Gemüsegärten gewesen sein. Alles konnte frisch gepflückt gekauft werden. Auch die zahlreichen kleinen Stände in Cubas Großstädten, die den Vorbeigehenden heute noch frisch frittierte, köstliche Kleinigkeiten feilbieten, entstammen chinesischer Tradition.

Seit der Revolution 1959 unter Fidel Castro werden in Cuba Lebensmittel nach sozialistischen Prinzipien verteilt. Die gepflegten Kochkünste des Bürgertums galten als dekadent, bedeuteten sie einen gehobenen Verzehr teurer Nahrungsmittel für Wenige, während die Mehrheit des Volkes darben musste. Im sozialistischen Cuba sollte kein Cubaner mehr mit leerem Magen ins Bett gehen müssen – ein hehres Ziel –, auf die feine Zusammen-

setzung und Verarbeitung der Zutaten wurde kein Wert mehr gelegt. Diese Entwicklung verschärfte sich in den ökonomischen Krisenjahren: Mit dem Zusammenbruch der Sowjetunion und dem sozialistischen Welthandel wurden in Cuba Lebensmittel knapp. Die Cubaner mussten Flexibilität und Improvisationskunst beweisen: So wurde beispielsweise Kaffee mit zerstoßenen Erbsen und Hackfleisch mit Soja gestreckt (die Cubaner sprechen von *Sojalismus* statt Sozialismus).

Die Versorgungssituation stellt sich heute wieder entspannter dar. Auf den heimischen Bauernmärkten ist fast alles zu bekommen, was dem cubanischen Gaumen Freude bereitet – es ist höchstens noch eine Frage des Dollar-Besitzes. Viele kulinarische Künste – fast schon vergessen – werden im heutigen Cuba erneut gesammelt, ausgetauscht und natürlich gekostet! Unsere typische Offenheit für die kulturellen Einflüsse, die die kreolische Küche bereichern konnten, ist wieder spürbar – wenn auch immer durch unseren eigenen Geschmack korrigiert: Beispielsweise waren Pizza und Spaghetti schon immer beliebte Mittagsgerichte, doch werden die Nudeln niemals »al dente«, sondern immer sehr weich gekocht, und die Pizza besteht aus viel weichem Teig und wird fast ausschließlich mit Tomatensauce und Käse belegt. Frische Tomaten dürfen in keinem cubanischen Salat fehlen. Doch schmecken sie uns am besten, wenn sie nicht rot sind, sondern noch grün und unreif. Und beim Dessert lassen wir auch einmal die Geschmacksrichtungen durcheinanderwirbeln: sehr beliebt ist deftiger, gesalzener Bauernkäse mit zuckersüßer Fruchtmarmelade.

Das Einzigartige der cubanischen Küche besteht in der Zusammenführung unterschiedlicher kultureller Geschmacksrichtungen und in der vielseitigen Verarbeitung nicht heimischer Nahrungsmittel. Dabei ist ein cubanisches Gericht immer mehr als die Zusammenführung der indianischen, spanischen, chinesischen oder afrikanischen Zutaten, das Ganze immer mehr als die Summe seiner Einzelteile.

EIN **CUBANISCHER TAG** BEGINNT MIT EINER TASSE KAFFFE: SCHWARZ, STARK UND SÜSS. NUR KINDER UND ALTE NEHMEN MILCH IN DEN KAFFEE. GEGEN 10:00 UHR GIBT ES ALS **ZWISCHENMAHLZEIT** MEIST NUR EIN SANDWICH, EIN BROT MIT KÄSE ODER EIN STÜCK KUCHEN. ZU DIESER **MERIENDA** NIMMT MAN ALKO-

HOLFREIE GETRÄNKE. **ZUM MITTAGESSEN** (EL ALMUERZO) GEGEN 12:00 UHR ISST MAN FLEISCH, FISCH, SUPPEN ODER OMELETT MIT GEBRATENEN **KOCHBANANEN**, SALAT ODER **SÜSSKARTOFFELN** UND NATÜRLICH REIS. ARBEITER, SCHÜLER UND STUDENTEN ESSEN IN DEN **KANTINEN** ODER MENSEN, WER UNTERWEGS IST, HOLT SICH ETWAS FRISCHES AN EINEM DER **STRASSENSTÄNDE,** WER ZU HAUSE IST, VERKOCHT DIE RESTE VOM VORTAG.

Das cubanische Abendessen (la cena) ist das wichtigste soziale Ereignis des Tages. Alle Mitglieder der Familie essen gemeinsam, plaudern, tauschen sich aus, streiten – und vertragen sich spätestens beim abschließenden café. Gegessen wird zwischen 19:00 und 20:00 Uhr. Nur das Beste wird dafür besorgt und zubereitet: beispielsweise ein saftiges Schweinesteak mit selbstgemachtem *mojo*, dazu ein köstlicher *congrí*, Avocadosalat, frittiertes Gemüse, ein hausgemachtes *dulce de fruta bomba* als Dessert...

In Ost und West werden die Mahlzeiten unterschiedlich zubereitet. Der Osten der Insel weist kulturelle Einflüsse von französischen und antillischen Einwanderern auf, und auch die indianischen Traditionen sind in dieser Zone stärker verbreitet: beispielsweise das indianische Brot *casabe*, der Eintopf *calalú* und die Verwendung von Kokosnussöl.

In Cubas Metropole Havanna wird, aufgrund der Hektik des Arbeitsalltages und der Entfernungen zwischen Wohn- und Arbeitsplätzen heutzutage nur ein Mal am Tag gekocht. In den Dörfern dagegen hält sich die Tradition, die Küche über den gesamten Tag in Funktion zu halten: Nach der *merienda* beginnt man mit der Vorbereitung des Mittagessens, am Nachmittag wird gerührt, geschnitten, eingelegt, gebacken und gekocht, um die große, familiäre *cena* vorzubereiten. Somit werden in den ländlichen Regionen die kreolischen Kochtraditionen am ehesten erhalten – kein Bauerntisch wird sich beispielsweise die Abwesenheit von Schweinefleisch »erlauben«. Die Schlachtung eines Schweines (*matar un macho*) ist ein Fest für jeden cubanischen Dorfbewohner. Auf dem Land genießt man auch – wie in keiner der cubanischen Städte – die aromatischsten Früchte und das frischeste Gemüse. Wer die kreolische Küche in ihrer Vollmundigkeit probieren möchte, muss sich einmal in den Dörfern kulinarisch verwöhnen lassen!

Brühe, Suppen und Eintöpfe sind ein wichtiger Bestandteil der traditionellen Küche Cubas. Die cubanische »Suppenkunst« hat vielfältige Wurzeln, am stärksten wurde sie von der spanischen Küche der Koloni-

alzeit beeinflusst. Fast alle Zutaten wurden von den Cubanern gerne übernommen. Nur die Sellerieknolle mit ihrem eigentümlichen Geschmack hat die Geschmacksnerven der Cubaner seit jeher beleidigt und ist deshalb eine unbeliebte Suppenzutat, obwohl sie in Cubas subtropischem Klima fast ohne Pflege gedeiht. In Cuba isst man Suppen als Vorspeise oder bereitet sie für Kinder, Alte und Kranke. Mit Milchprodukten zu Cremesuppen verfeinert werden sie immer populärer.

Ebenfalls sehr beliebt sind in Cuba Eintöpfe. Der *ajiaco*, unser populärster Eintopf, der ebenso reich an Zutaten ist wie an verschiedenen kulturellen Einflüssen, wurde von dem großen cubanischen Gelehrten *Fernando Ortíz* sogar einmal mit der cubanischen Nation verglichen:

»Cuba ist ein Ajiaco … denn unserem Volk wurden genauso wie dem Ajiaco immer wieder neue und rohe Elemente hinzugefügt, die wie in einem Topf zusammen kochen. Cuba ist ein vielfältiges Gemisch verschiedener »Rassen«, unterschiedlicher Fleischsorten und Kulturen, die in einem sozialen Gebrodel gemeinsam sieden, sich mischen und wieder zerstreuen. Und in der Tiefe des Topfes entsteht eine neue Masse …, die ein ganz eigenes Werk ist.«

In frühen Zeiten gab es in Cuba in den spanischen Häusern ein Lehmgefäß, das *olla*, wenn es klein, oder *puchero*, wenn es größer war, genannt wurde. In diesem Gefäß kochte immer eine Art Brühe.

Erbsensuppe
SOPA CRIOLLA

ZUBEREITUNGSZEIT: ETWA 25 MINUTEN
GARZEIT: ETWA 1 STUNDE

> **ZWIEBEL, KNOBLAUCH** und Möhren schälen und fein hacken (Möhren kann man auch in Scheiben schneiden). Petersilie waschen und kleinschneiden. Alles in einem Topf im Öl andünsten.

> **SPECK WÜRFELN,** Chorizo in Scheiben schneiden und mit den Erbsen und der Brühe hinzufügen. Etwa 1 Stunde zugedeckt kochen lassen, bis die Erbsen weich sind. Die Suppe soll etwas dickflüssig sein. Zum Schluss mit Salz abschmecken.

FÜR 4 PERSONEN

1 Zwiebel
3 Knoblauchzehen
2 Möhren
1 Bund glatte Petersilie
2 EL Olivenöl
100 g Speck, 100 g Chorizo
250 g gelbe getrocknete Erbsen
2 l Gemüsebrühe, Salz

Substanzbrühe
CALDO DE SUSTANCIA

ZUBEREITUNGSZEIT: ETWA 30 MINUTEN
KOCHZEIT: 1-2 STUNDEN

> **DAS FLEISCH** in 5–6 cm große Stücke schneiden. Zwiebel schälen und hacken, Knoblauch schälen und zerdrücken. Tomaten waschen und würfeln. Paprikaschoten waschen, halbieren, putzen und in Würfel schneiden.

> **FLEISCH, ZWIEBEL,** Knoblauch, Tomaten und Paprika mit Kräutern und Knochen in einen tiefen Topf geben, mit 1 l Wasser begießen und zum Kochen bringen. Kreuzkümmel dazugeben, Suppe zugedeckt bei schwacher Hitze 1 – 2 Stunden kochen lassen, bis sich die Flüssigkeit auf die Hälfte reduziert hat. Erst zum Schluß mit Salz abschmecken.

FÜR 6–8 PERSONEN

250 g Rindfleisch zum Kochen, 1 Zwiebel
3 Knoblauchzehen
4 Tomaten, 2 grüne oder rote Paprikaschoten
2 TL Petersilien- oder Korianderblättchen
2 Lorbeerblätter
250 g Rinderknochen
gemahlener Kreuzkümmel
Salz

13

Schwarze Bohnensuppe

Frijoles negros

Als die Spanier Cuba eroberten, begann auch der Siegeszug des *frijol*, der Bohne. Er ist heute noch ungebrochen: Bohnen fehlen bei keiner größeren cubanischen Mahlzeit. Ihre Zubereitungsarten sind überaus vielseitig; der »Klassiker« unter den Bohnenrezepten ist die schwarze Bohnensuppe, die traditionell für eine *Cena de Nochebuena* [Weihnachtsabendessen] und für andere festliche Gelegenheiten bereitet wird.

Das folgende Rezept ist das Grundrezept dieser köstlichen Vor- oder Hauptspeise. Es kann wunderbar durch andere Zutaten und Gewürze ergänzt werden.

QUELLZEIT: ÜBER NACHT
ZUBEREITUNGSZEIT: ETWA 30 MINUTEN
GARZEIT: ETWA 2 STUNDEN

ZUBEREITUNG

> **DIE BOHNEN ÜBER NACHT** in Wasser einweichen. Dann 1 Paprikaschote waschen, halbieren, putzen und würfeln. Mit den abgetropften Bohnen und 2 1/2 l Wasser in einen Topf geben und mindestens 1 Stunde zugedeckt kochen lassen, bis die Bohnen weich sind (im Schnellkochtopf ungefähr 30 Minuten).

NACH ETWA 30 MINUTEN die Zwiebeln und den Knoblauch schälen. Zwiebeln fein hacken, Knoblauch durchpressen. Die übrige Paprikaschote auch waschen, putzen und sehr klein würfeln. Das Öl in einer Pfanne erhitzen. Zwiebeln, Knoblauch und Paprikaschote darin unter Rühren bei mittlerer Hitze weich dünsten, zu den Bohnen geben. Mit Oregano, Lorbeer, Kümmel, Zucker und Salz abschmecken und bei mittlerer Hitze 1 Stunde kochen lassen. Essig und Weißwein dazugeben, Suppe abschmecken und eventuell nachwürzen. Die Bohnensuppe wird in Cuba traditionell mit weißem Reis serviert.

FÜR 8 PERSONEN

500 g getrocknete
  schwarze Bohnen
2 grüne Paprikaschoten
2 Zwiebeln
4 Knoblauchzehen
2 EL Olivenöl
1 TL getrockneter Oregano
2 Lorbeerblätter
1 TL Kümmel
1 TL Zucker
Salz
1 EL Essig
2 EL trockener Weißwein

Kreolischer Eintopf

Ajiaco Criollo

In kaum einer Küche der Welt fehlt er: der Eintopf. Auf Cuba wird er *Ajiaco* genannt, was darauf hinweist, dass die Tradition dieses cubanischen Nationalgerichtes bis weit in die Frühzeit zurückgeht: *Ajiaco* stammt aus der Sprache der Ureinwohner der Antillen.

Zur Herstellung eines *Ajiaco* wurden Paprikaschoten zusammen mit Kräutern, Wurzeln und verschiedenen Fleischsorten über mehrere Stunden in Tontöpfen gegart. Eine Zutat durfte nie fehlen: die Paprika. Schon seit früher Zeit auf Cuba als *ají* bekannt, gab sie dem cubanischen Ureintopf schließlich seinen Namen.

Die Spanier ergänzten mit frischem Rindfleisch, Dörrfleisch und Kürbis. Und die schwarzen Sklaven gaben schließlich Taro, Kochbananen und Yamswurzeln an den Ajiaco.

Al que le pica es porque ají come
(Refrán popular)

(»Wen es juckt, der hat Paprika gegessen« heißt im Cubanischen soviel wie »Wer am Lautesten schreit...«)

QUELLZEIT: ÜBER NACHT
ZUBEREITUNGSZEIT: ETWA 40 MINUTEN
GARZEIT: ETWA 2 ^{1}/$_2$ STUNDEN

ZUBEREITUNG

> **DAS DÖRRFLEISCH** am Vortag in 3 – 4 Stücke schneiden und über Nacht wässern. Am nächsten Tag das Wasser abschütten und das Dörrfleisch zusammen mit dem Huhn und 5 l Wasser in einen großen Topf geben. Das Fleisch bei schwacher Hitze zugedeckt etwa 30 Minuten garen.

RINDFLEISCH, SCHWEINEFLEISCH und Schweinerippchen hinzufügen und noch etwa 1 Stunde kochen lassen, bis das Fleisch weich ist.

WÄHRENDDESSEN ZWIEBEL UND KNOBLAUCH schälen, Zwiebel hacken, Knoblauch durchpressen. Paprika waschen, halbieren, putzen und in kleine Würfel schneiden. Kürbis, Kochbananen, Maniok, Süßkartoffeln und Yamswurzeln schälen und in Stücke schneiden. Maiskolben entblättern und in 2 cm dicke Scheiben schneiden.

ÖL IN EINER PFANNE ERHITZEN, Zwiebel, Knoblauch, Paprika, Tomatenmark und Salz darin andünsten und zum gekochten Fleisch geben. Kürbis, Kochbananen, Maniok, Süßkartoffeln, Yamswurzeln und Mais mit dem Zitronensaft hinzufügen. Den Eintopf zugedeckt bei schwacher Hitze noch etwa 1 Stunde kochen lassen.

FÜR 8–10 PERSONEN

250 g Dörrfleisch (kann man auch weglassen)
1/2 Huhn
je 500 g Rind- und Schweinefleisch zum Kochen
500 g rohe Schweinerippchen
1 Zwiebel, 2 Knoblauchzehen
1 große Paprikaschote
1/4 mittelgroßer Kürbis
2 grüne Kochbananen
2 Maniok
2 mittelgroße Süßkartoffeln
2 mittelgroße Yamswurzeln
2 frische Maiskolben
1 1/2 EL Öl, 2 EL Tomatenmark
Salz, 2 EL Zitronensaft

Okraschoten-Eintopf

Guiso de quimbombó

Okraschoten kommen ursprünglich aus Afrika. Sie sind ein Einjahresgewächs, dessen Frucht gekocht und als Gemüse gegessen wird. In Cuba wurden sie lange Zeit für das rituelle Essen der afro-cubanischen Religion verwendet und *guingambó* genannt – so heißt dieses Gericht auf den Antillen noch heute. Die Zubereitung von Okraschoten hat sich im Laufe der Jahrhunderte in Cuba sehr gewandelt, ein Ergebnis davon ist dieser Eintopf.

ZUBEREITUNGSZEIT: ETWA 40 MINUTEN
GARZEIT: ETWA 30 MINUTEN

ZUBEREITUNG

DAS FLEISCH in etwa 5 cm große Stücke schneiden.

OKRASCHOTEN WASCHEN und in Scheiben schneiden. Zwiebel schälen und hacken, Knoblauch schälen und durchpressen. Paprika waschen, halbieren, putzen und in Würfel schneiden.

ÖL IN EINER PFANNE ERHITZEN, Zwiebel, Knoblauch und Paprika darin unter Rühren andünsten. Fleisch hinzufügen und rundherum goldbraun anbraten. Lorbeerblätter, Kümmel, Tomatenmark, Salz und Zitronensaft dazugeben. Weißwein und Okraschoten hinzufügen und alles zugedeckt bei schwacher Hitze etwa 20 Minuten garen.

INZWISCHEN KOCHBANANEN mit der Schale in 3–4 Stücke schneiden, in etwa 2 l Wasser in etwa 10 Minuten weich kochen. Das Wasser abgießen, die Bananen abkühlen lassen, schälen, zu kleinen Kugeln formen und zum Fleisch hinzufügen. Noch etwa 5 Minuten darin garen.

FÜR 6 PERSONEN

500 g Schweinegulasch
500 g Okraschoten
1 Zwiebel
3 Knoblauchzehen
1 grüne oder rote
  Paprikaschote
4 EL Öl
2 Lorbeerblätter
$^1/_2$ TL gemahlener Kümmel
3 EL Tomatenmark
Salz
1 EL Zitronensaft
$^1/_4$ l Weißwein
3 grüne Kochbananen

OHNE REIS KEIN FLEISCH: DAS KÖNNTE MAN ALS MOTTO FÜR DIE HAUPTGERICHTE WÄHLEN. ANGESICHTS DES HOHEN REISVERBRAUCHES DER CUBANER BEMERKTE EINMAL RAMÓN GUERRA, EIN CUBANISCHER HUMORIST: »WOHER WIR DIESE GEWOHNHEIT HABEN, REIS IN AUSSERORDENTLICHEN MENGEN ZU

ESSEN, IST EIGENTLICH **EIN RÄTSEL.** UNSERE SPANISCHEN VORGÄNGER VERBRAUCHTEN DIESES KORN RECHT WENIG, UND SOVIEL WIR WISSEN, **TEILTEN** DIE **CONGOS** UND **CARABALÍES** [ZWEI DER AFRIKANISCHEN ETHNISCHEN GRUPPEN, DIE NACH CUBA GEBRACHT WURDEN] DIESE ESSGEWOHNHEIT **EBENSO WENIG...** SOVIEL STEHT FEST: WIR HABEN SIE BIS IN UNSERE **TIEFSTE SEELE VERANKERT.** SO WIE SICH DIE ITALIENER KEINE MAHLZEIT OHNE

Pasta vorstellen mögen, fühlen wir uns unglücklich, wenn wir auf dem Tisch keinen Reis entdecken, nicht wahr? Alles muss für uns mit Reis serviert werden: Bohnen jeder Art, Hackfleisch, frittiertes Ei – sogar die Suppe, tatsächlich! Wir kennen sogar Menschen, die Reis in ihre Suppen streuen.«

Zu allen Mahlzeiten wird in Cuba dieses nahrhafte Korn gereicht. Reis ist für die cubanische Bevölkerung das Symbol für Nahrung schlechthin – was angesichts des hohen Sättigungsgrades und der Lebensmittelknappheit der 90er Jahre nicht allzu sehr verwundert. Der Ursprung dieser Gewohnheit kommt weder von den Spaniern noch von den schwarzen Afrikanern, sondern von den Chinesen. Reis und Maismehl wechselten sich auf den Sklaventischen der letzten Jahrhunderte ab.

FLEISCH

Die Ureinwohner Cubas kannten viele Fleisch- und Geflügelsorten der heutigen Küche nicht, denn die cubanische Fauna ist ihrem Ursprung nach arm an Säugetieren. Erst die Spanier brachten Rinder und Hühner auf die Insel, um mit dem Viehhandel reich zu werden – schließlich erforderte diese Betätigung geringe Investitionen und nicht allzu viele Arbeitskräfte. Mit der steigenden Anzahl der Sklaven, die auf den Plantagen harte Arbeit verrichten mussten, stieg die Nachfrage nach Fleisch. Insbesondere Dörrfleisch, das so leicht zu konservieren ist, war neben dem Stockfisch Hauptbestandteil der Mahlzeiten in den Sklavenbaracken. Auf afrikanische Art wurde das Fleisch, insbesondere Schweinefleisch, gesalzen, gebraten und danach in Fett aufbewahrt, was *carne confí* genannt wurde. Diese Zubereitungsart ist in Cuba auch heute noch zu finden.

Die Cubaner essen gerne und häufig Fleisch. Es kursiert der Glaube, dass, je mehr Fleisch jemand zu sich nimmt, desto gesünder er ist. In den Zeiten, in denen Fleisch in Cuba selten und wenn nur zu horrenden Preisen zu

erstehen war, bezeichneten sich die Cubaner selbst humorvoll als »Zwangsvegetarier«.

FISCH UND MEERES-FRÜCHTE

Ein gängiger Spaß eines Kellners in einem cubanischen Restaurant ist die Behauptung, die Fleischgerichte des Menüs seien schon aus, es gäbe nur noch Fisch.

Tatsächlich lieben die Cubaner vor allem Fleisch – Fisch wird seltener gegessen. Angesichts des reichlichen Angebotes von Fischen und Meerestieren in den cubanischen Meeren ist das fast unverständlich. Doch nichts ist grundlos, auch die Fischabneigung der Insulaner nicht: Als die Spanier Cuba eroberten, wurde die Insel bereits seit über

6000 Jahren von den etwa 500 000 Indoamerikanern bewohnt. Sie hatten sich vor allem der Landwirtschaft gewidmet, nur wenige waren Fischer und Sammler. Mit den Indianern wurde also die sowieso kleine Fischereikultur vollständig ausgerottet – und damit die Gewohnheit, Fisch zu essen, durch die gehaltvolle spanische Küche des 16. und 17. Jahrhunderts ersetzt. Mit der Sklaverei setzte sich endgültig die Fleischküche durch: Dörrfleisch war billig und verlangte wenig Zeitaufwand in der Zubereitung und Aufbewahrung. Der Fleischverzehr wurde noch gefördert, als es den Sklavenfrauen erlaubt war, für die eigene Versorgung Tiere zu halten.

Erst drei Jahrhunderte später — nach der Revolution von 1959 – wurde in Cuba eine Fischindustrie aufgebaut. Doch die cubanische Bevölkerung ringt noch mit ihren gewohnten Essgewohnheiten. *Lo único que tengo en casa es pescado* (»Das einzige, was ich zu Hause habe, ist Fisch.«) gilt immer noch als eine zerknirschte Entschuldigung einer cubanischen Hausfrau, die eine Einladung zum Essen ausspricht. Noch heute geht auf der Insel die Geschichte vom Fernsehauftritt Fidel Castros um, wo er zur besten Sendezeit vor laufenden Kameras lustvoll einen Fisch verzehrte, um der Bevölkerung zu demonstrieren, dass Fisch nicht nur ein nahrhaftes und gesundes Essen ist, sondern auch sehr lecker sein kann.

Congrí oder Mauren und Christen

Moros y Cristianos

Der *congrí* ist neben der schwarzen Bohnensuppe eines der gängigsten cubanischen Gerichte. Ähnliche Rezepte findet man in anderen Teilen der Karibik, in Guyana, Trinidad und Tobago, Puerto Rico, Santo Domingo und Haiti. Heute nimmt man an, dass französisch-stämmige Familien den *congrí* mitbrachten. Sie ließen sich, nachdem 1795 auf Haiti die »Schwarze Republik« ausgerufen war, mit ihren Sklaven in Cuba nieder. Die Vokabel *congrí* eint zwei Wortstämme: *congó* und *riz*, was in der haitianischen Umgangssprache Bohnen und Reis bedeutet. In Cuba unterscheidet man *congrí* und *moros y cristianos*: Das erste Gericht besteht aus roten, das zweite aus schwarzen Bohnen.

TIPP

Dazu passt Fleisch oder Speck. Beides separat zubereiten und erst kurz vor dem Essen unterheben.

QUELLZEIT: ÜBER NACHT
ZUBEREITUNGSZEIT: ETWA 30 MINUTEN
GARZEIT: ETWA 2 STUNDEN

ZUBEREITUNG

DIE BOHNEN ÜBER NACHT in Wasser einweichen. Dann abgießen und in $1\frac{1}{4}$ l frischem Wasser in $1–1\frac{1}{2}$ Stunden weich kochen, das Bohnenwasser nicht wegschütten. Man braucht $\frac{3}{4}$ l Flüssigkeit, um den Reis zu kochen – das Bohnenwasser also eventuell mit Wasser auffüllen.

REIS, BOHNEN UND DIE FLÜSSIGKEIT in einen Topf geben. Paprikaschoten waschen, halbieren, putzen und in Würfel schneiden. Zwiebeln schälen und hacken, Knoblauch schälen und durchpressen.

ÖL IN EINER PFANNE ERHITZEN, Zwiebeln, Knoblauch, Paprika, Oregano und Kümmel bei mittlerer Hitze unter Rühren gut andünsten und mit den Lorbeerblättern und dem Wein zu den Bohnen und dem Reis geben, salzen. Alles etwa 15 Minuten köcheln lassen, bis die Flüssigkeit fast vollständig eingekocht ist. Bei ganz schwacher Hitze 5–10 Minuten nachgaren.

FÜR 8 PERSONEN

250 g getrocknete
  schwarze oder rote
  Bohnen
500 g Langkornreis
2 grüne Paprikaschoten
3 Zwiebeln
6 Knoblauchzehen
4 EL Olivenöl
1 TL getrockneter Oregano
1 TL Kümmel
3 Lorbeerblätter
2 EL trockener Weißwein
Salz

Reis mit Hähnchen

Arroz con pollo

Reis mit Huhn ist ursprünglich eine afrikanische Mahlzeit, bei der das Huhn in einer afro-cubanischen Zeremonie dem Gott der Jagd, *Ochosi*, geopfert wurde. In Cuba kennt man dieses Gericht auch unter dem Namen *Arroz a la chorrera*, da es in dem Schlossrestaurant *La Chorrera* in der Nähe der Hauptstadt Havanna als Spezialität angeboten wurde – allerdings »durchnässt«, indem der Reis mit mehr Wasser als üblich gekocht und das Gericht sofort serviert wurde, damit das Korn nicht »zermatschte«.

ZUBEREITUNGSZEIT: ETWA 30 MINUTEN
GARZEIT: ETWA 30 MINUTEN

ZUBEREITUNG

> **DAS HÄHNCHEN WASCHEN** und in Viertel schneiden. Knoblauch schälen und durchpressen, mit dem Zitronensaft mischen und auf das Huhn streichen. Zwiebel schälen, Paprika waschen, halbieren und putzen. Beides fein hacken.

ÖL IN EINEM MITTELGROSSEN Topf erhitzen und die Hähnchenstücke darin knusprig braun braten. Zwiebel, Paprika, Tomatenmark, Salz, Lorbeerblätter, Safran, Hühnerbrühe und Weißwein hinzufügen und zum Kochen bringen. Den Reis unterrühren und alles zugedeckt bei mittlerer Hitze etwa 20 Minuten garen, bis der Reis weich, aber nicht vollständig trocken ist. Erbsen unterrühren und sehr gut heiss werden lassen. Das Gericht mit eingelegter Paprika garnieren.

DAZU SCHMECKEN gebratene Kochbananen und Salat.

FÜR 8 PERSONEN

1 Hähnchen
2 Knoblauchzehen
2 EL Zitronensaft
1 Zwiebel
1 grüne Paprikaschote
2 EL ÖL, 2 EL Tomatenmark
Salz, 2 Lorbeerblätter
1 TL Safran
2 l Hühnerbrühe
3 EL Weißwein, Sherry
   oder Bier
500 g Rundkornreis
150 g frische oder TK-
   Erbsen
100 g eingelegte, rote
   Paprikaschoten (aus dem
   Glas)

Würziges Schweinesteak

Bistec de cerdo

Obwohl das Wort Beefsteak aus dem Englischen kommt und dort Rindfleisch meint, bezeichnet es in Cuba ein Rinder- oder Schweinesteak. Es wird paniert und *en cazuela*, im Schmortopf, oder in der Pfanne zubereitet.

ZUBEREITUNGSZEIT: ETWA 20 MINUTEN
MARINIERZEIT: ETWA 1 STUNDE

ZUBEREITUNG

> **KNOBLAUCH SCHÄLEN** und durchpressen. Zwiebeln schälen und in Ringe schneiden. Beides mit Pfeffer, Salz und Zitronensaft mischen. Das Fleisch in eine Schüssel legen, die Marinade darüber gießen und alles etwa 1 Stunde zugedeckt ziehen lassen.

> **DANN DIE PETERSILIE WASCHEN,** trockenschütteln und die Blättchen sehr fein hacken. Das Öl in einer Pfanne erhitzen und das Fleisch (ohne die Marinade) darin von beiden Seiten kräftig anbraten.

> **DAS FLEISCH HERAUSNEHMEN** und warm halten. Die Marinade mit der Petersilie unter Rühren im Bratfett kurz dünsten und über das Fleisch gießen. Traditionell passen dazu *tamales* (Rezept Seite 49) oder *moros y cristianos* (Congrí, Seite 25).

FÜR 4 PERSONEN

3 Knoblauchzehen
2 Zwiebeln
$1/8$ TL Pfeffer, Salz
4 EL Limetten- oder
  Zitronensaft
4 Schweineschnitzel
1 großes Bund Petersilie
4 EL Öl

29

Klein geschnittenes Rindfleisch
Ropa vieja (Altkleider)

Dieses traditionelle cubanische Gericht erinnert im Aussehen an alte zerfranste und zerstückelte Kleidungsstücke. Daher hat man ihm den Namen »Altkleider« gegeben. Es kam sogar zu politischen Ehren. In den 20er und 30er Jahren wurden in Cuba die meist korrupten Präsidenten in Spottliedern öffentlich lächerlich gemacht. Der nebenstehende Text stammt aus dem bekanntesten dieser Lieder und lautet sinngemäß: Seitdem der Alte weg ist und der Neue kam, hab ich nichts mehr zu essen … keine Butter und nicht einmal ropa vieja!

Desde que se fue Chinchilla
Y ha venido Polavieja
Yo no como … mantequilla
Ni tampoco ropa-vieja
¡Aé, aé, aé la chambelona!

(Politisch-satirisches Lied)

ZUBEREITUNGSZEIT: ETWA 30 MINUTEN
GARZEIT: ETWA 2 STUNDEN

ZUBEREITUNG

> DAS FLEISCH IN 2 L WASSER bei mittlerer bis schwacher Hitze in $1^1/_2 - 2$ Stunden weich kochen, 5 Esslöffel der Fleischbrühe aufbewahren. Das Fleisch in die Fasern zerfransen.

ZWIEBELN SCHÄLEN und hacken. Knoblauch schälen und durchpressen. Paprika waschen, halbieren und putzen, dann in sehr kleine Würfel schneiden. Petersilie waschen und trockenschütteln, die Blättchen sehr fein hacken.

ÖL IN EINER GROSSEN PFANNE erhitzen, Zwiebeln, Knoblauch und Paprika darin unter Rühren anbraten. Tomaten kleinschneiden und hinzufügen. Fleisch, Lorbeerblatt, Petersilie, Kümmel, Oregano, Weißwein, Limetten- oder Zitronensaft, die 5 Esslöffel Fleischbrühe und Salz hinzufügen. Alles bei schwacher Hitze etwa 5 Minuten garen, gelegentlich umrühren. Die Flüssigkeit soll nicht vollständig einkochen, also eventuell noch etwas Wasser dazu schütten.

DAZU PASSEN REIS, Schwarze Bohnensuppe, Maniok, frittiertes Gemüse und Salat.

FÜR 8 PERSONEN

500 g Rindfleisch (Bauch oder Schulter)
2 Zwiebeln
3 Knoblauchzehen
1 grüne Paprikaschote
$1/_4$ Bund Petersilie
5 EL Öl
4 geschälte Tomaten aus der Dose oder
  4 EL Tomatenmark und
  100 ml Wasser
1 Lorbeerblatt
je $1/_8$ TL Kümmel und getrockneter Oregano
3 EL Weißwein
3 EL Limetten- oder Zitronensaft, Salz

31

Hackfleisch kreolische Art

Picadillo a la criolla

Der populärste cubanische Sänger und Sonero der 50er Jahre hieß Beny Moré. Er war nicht nur ein berühmter, charismatischer Sänger und Komponist, der mit viel Witz und Charme in der Sprache der »einfachen Leute« schrieb, sondern auch musikalisch ein Erneuerer und ein ausgesprochen guter Tänzer. Sein früher Tod im Februar 1963 erschütterte die ganze Insel. Der Tag seiner Beerdigung, bei dem ihn Tausende auf seinem letzten Weg begleiteten, wurde zum nationalen Trauertag.

Bis heute verführen die zeitlosen Rhythmen seiner Lieder zum Mittanzen. Lassen auch Sie sich beim Kochen von einem Lied des *Bárbaro del Ritmo* inspirieren – zum Beispiel von einem seiner großartigen Mambos mit dem Titel *Anabacoa*, indem er das folgende Hackfleisch-Gericht besingt: »*Arroz con Picadillo, yuca, yuca…*«

¡Suave, que no es para picadillo!
(Expresión popular)

(Lässt sich übersetzen mit unserem Ausdruck »Sachte, sachte mit den jungen Hunden.«)

ZUBEREITUNGSZEIT: ETWA 35 MINUTEN

ZUBEREITUNG

 DIE ZWIEBEL SCHÄLEN und hacken oder achteln, den Knoblauch schälen und durchpressen. Die Paprikaschote waschen, halbieren, putzen und ebenfalls fein hacken.

DAS ÖL IN EINER PFANNE ERHITZEN. Das Hackfleisch darin unter gelegentlichem Rühren so lange braten, bis es nicht mehr rot ist. Zwiebel, Knoblauch, Paprika, klein geschnittene Tomaten, Pfeffer, Rosinen, Oliven, Weißwein und Salz hinzufügen und alles zugedeckt bei schwacher Hitze etwa 20 Minuten schmoren.

TRADITIONELL WIRD EIN *picadillo* mit Reis, schwarzen Bohnen, gebratenen Bananen und Salat serviert.

FÜR 6–8 PERSONEN

1 Zwiebel
3 Knoblauchzehen
1 grüne Paprikaschote
3 EL Öl
500 g Rinderhackfleisch
4 geschälte Tomaten aus der Dose oder 4 EL Tomatenmark
$1/4$ TL Pfeffer
4 EL Rosinen
6–8 grüne Oliven
3 EL Weißwein
Salz

Ziegen- oder Lammragout

Chilindrón de carnero, chivo o cordero

Das Auftauchen von Lammfleisch in der Küche Cubas wird auf libanesische, syrische und palästinensische Einwanderer zu Beginn des 20. Jahrhunderts zurückgeführt. Allerdings ist Lammfleisch in Cuba bis heute nicht allzu beliebt. Rind-, Schweine- und selbst Ziegenfleisch – letzteres ist eine Tradition der afrikanischen Küche – werden ihm meist vorgezogen. Daher mag es kommen, dass viele Cubaner Lamm mit besonders viel *mojo* zubereiten, was umgangssprachlich mit *quitar el chero* bezeichnet wird. Das bedeutet, dass dem Fleisch sein strenges Aroma entzogen wird.

ZUBEREITUNGSZEIT: ETWA 30 MINUTEN
MARINIERZEIT: ETWA 2 STUNDEN
GARZEIT: ETWA 1 STUNDE

ZUBEREITUNG

› **DAS FLEISCH IN ETWA** 4 cm lange Stücke schneiden. Knoblauch schälen und durchpressen.

DAS FLEISCH IN EINER SCHÜSSEL mit Knoblauch, Kümmel, Oregano, Pfeffer, Salz und Limetten- oder Zitronensaft marinieren und etwa 2 Stunden ziehen lassen.

DANN DIE ZWIEBELN SCHÄLEN und in Ringe schneiden. Paprika waschen, halbieren, putzen und klein würfeln. Petersilie waschen, trockenschütteln und sehr fein hacken.

DAS ÖL IN EINEM SCHMORTOPF erhitzen. Die Fleischstreifen darin portionsweise goldbraun braten. Zwiebeln, Paprika, Petersilie, Tomaten, Lorbeerblätter und Rum oder Wein hinzufügen. Bei schwacher Hitze zugedeckt etwa 1 Stunde garen, bis das Fleisch weich ist.

DAZU SCHMECKT REIS, Tamales (Rezept Seite 49) und Salat.

FÜR 6–8 PERSONEN

1 kg Lammfleisch ohne Fett und Knochen (am besten Keule)
2 Knoblauchzehen
$1/2$ TL Kümmel
$1/2$ TL getrockneter Oregano
$1/8$ TL Pfeffer, Salz
4 EL Limetten- oder Zitronensaft
4 Zwiebeln, 1 Paprikaschote
1 Bund Petersilie
5 EL Öl
200 g passierte Tomaten oder 100 g Tomatenmark und 100 ml Wasser
2 Lorbeerblätter
$1/2$ l Rum oder Weißwein

Gebratenes Hähnchen

Pollo a la barbacoa

Von den Ureinwohnern Cubas, den *Guanahatabeyes*, *Siboneyes* und *Taínos*, kommt die *Barbacoa*: Einerseits wurde damit ein auf vier Stöcken gebauter Wohnraum bezeichnet, den man über eine Treppe erreichte, andererseits ein über einem Erdloch gebauter Fleischgrill. Da die Wohnbedingungen der Cubaner gegenwärtig prekär sind, meint der Bau einer *Barbacoa* heute das Einziehen einer Zwischendecke, mit der sich Schlaf- oder Wohnraum gewinnen lässt.

El orgulloso come harina y eruta pollo
(Sentencia popular)

(»Der Stolze isst (Mais-)Mehl und stößt Hühnchen auf« bedeutet soviel wie »so tun, als wäre man etwas Besseres«.)

ZUBEREITUNGSZEIT: ETWA 30 MINUTEN
MARINIERZEIT: ETWA 2 STUNDEN
GARZEIT: ETWA 1 STUNDE

ZUBEREITUNG

DAS HÄHNCHEN IN 8 Stücke schneiden. Den Knoblauch schälen und durchpressen. Das Hähnchen mit Knoblauch, 2 Esslöffel Limetten- oder Zitronensaft und Salz in einer Schüssel mischen und zugedeckt etwa 2 Stunden ziehen lassen.

DEN BACKOFEN AUF 200° vorheizen. Mehl, Paprika, Pfeffer und Salz mischen und die Hähnchenstücke darin panieren. Die Zwiebel schälen und fein hacken. 1 Esslöffel Butter in einer großen Pfanne erhitzen, die Hähnchenstücke darin bei mittlerer Hitze goldbraun braten, in eine feuerfeste Form umfüllen.

KETCHUP, WEISSWEIN, 4 Esslöffel Wasser, 2 Esslöffel Limetten- oder Zitronensaft, Zwiebel, Sojasauce, die zerlassene Butter und den Zucker in einem kleinen Topf aufkochen lassen, auf dem Hähnchen verteilen. Das Hähnchen im Ofen (Umluft 180°) etwa 1 Stunde backen.

DAZU SCHMECKEN TAMALES (Rezept Seite 49), Reis mit Bohnen und Salat.

FÜR 4 PERSONEN

1 Hähnchen
2 Knoblauchzehen
4 EL Limetten- oder
 Zitronensaft
Salz
4 EL Mehl
1 TL Paprikapulver
$1/4$ TL Pfeffer
1 Zwiebel
1 EL Butter
3 EL Ketchup
3 EL Weißwein
1 EL Sojasauce
2 EL zerlassene Butter
1 EL Zucker

Red Snapper mit Mandeln

Pargo almendrina

Der cubanische Schriftsteller José Lezama Lima wurde durch sein literarisches Werk *Paradiso* von 1966 weltbekannt. Mittels kulinarisch-poetischer Wortkompositionen beschreibt er darin ein Festmahl, dessen Genuss nicht nur dem cubanischen Gaumen schmeicheln würde:

»Zu dem Soufflé gehörte auch der ›Kaiser‹ genannte Fisch, den Doña Augusta nur verwendete, wenn sie des Goldbrassens müde war; sein Fleisch wurde zuerst in runde Scheiben und dann in Filets aufgeschnitten; die Langusten aber zeigten noch das violette Staunen, mit dem ihre Panzer die Laternenfolter und das Verbrennen ihrer hervorquellenden Augen erduldet hatten. Nach diesem Gericht, das mit seinem so gelungenen farbigen Dekor an einen bereits barocknahen Flamboyantstil erinnerte, während es durch das Überbacken der Masse und die allegorieartigen Langusten noch zur Gotik gehörte, sollte nach Doña Augustas Wille der Rhythmus der Mahlzeit mit einem Roterübensalat gedämpft werden, bedacht mit gelbem Spatelzierat aus Mayonnaise und garniert mit Spargel.«

Ein besonders aufwendiges Essen nennen die Cubaner heute nach diesem Text *una cena lezamiana* [ein Abendessen nach Lezamas Art]. Dieses Menü im Original nachzukochen, wäre eine allzu große Herausforderung, daher finden Sie hier ein »abgespecktes« Rezept mit einem artverwandten Fisch.

ZUBEREITUNGSZEIT: ETWA 40 MINUTEN

ZUBEREITUNG

DEN KNOBLAUCH SCHÄLEN und durchpressen. Mit dem Limetten- oder Zitronensaft, Salz und Pfeffer mischen. Die Fischfilets damit einreiben und etwa 20 Minuten ziehen lassen.

INZWISCHEN FÜR DIE SAUCE die Zwiebel schälen und hacken. Die Mandeln in einer trockenen Pfanne bei mittlerer Hitze unter Rühren goldbraun anrösten.

DIE FISCHFILETS mit dem Mehl bestäuben. Die Butter zerlassen und die Filets darin pro Seite 2–3 Minuten braten.

GLEICHZEITIG IN EINER ANDEREN PFANNE die Zwiebel in der Butter andünsten. Mehl und Wein hinzufügen und verrühren, etwa 3 Minuten köcheln lassen. Auf dem Fisch verteilen und mit den Mandeln bestreuen.

DAZU SCHMECKEN BOHNEN, Reis, Salat und Maniok.

FÜR 4 PERSONEN

Für die Filets:
2 Knoblauchzehen
Saft von 1 Limette oder
 Zitrone
Salz, $1/8$ TL Pfeffer
4 Red Snapperfilets
4 EL Mehl
50 g Butter
Für die Sauce:
1 Zwiebel
3 EL geriebene Mandeln
 oder Mandelblättchen
2 EL Butter
2 EL Mehl
4 EL Weißwein

Stockfisch in Sauce

Aporreado de Bacalao

Stockfisch war in der Sklavenzeit ein gängiges Fischgericht. Damals verteilte der Haushofmeister den Fisch und behielt die besten Stücke für sich, die Sklaven erhielten den Rest. Heute beschreibt die cubanische Redewendung *es él que corta el bacalao* [wer den Stockfisch teilt] jemanden, der zu Hause »die Hosen an hat«.

QUELLZEIT: ÜBER NACHT
ZUBEREITUNGSZEIT: ETWA 30 MINUTEN
GARZEIT: ETWA 50 MINUTEN

ZUBEREITUNG

DIE STOCKFISCHE in eine Schüssel legen, mit Wasser bedecken und über Nacht weich werden lassen.

DANN MIT 1 L WASSER in einem Topf zum Kochen bringen. Die Fische zugedeckt bei mittlerer Hitze in etwa 20 Minuten weich kochen. Aus dem Wasser heben, leicht abkühlen lassen und zerkrümeln.

DIE ZWIEBEL SCHÄLEN und fein hacken, den Knoblauch schälen und durchpressen. Paprika waschen, halbieren, putzen und in kleine Würfel schneiden. Öl in einer großen Pfanne erhitzen. Zwiebel, Knoblauch und Paprika darin unter Rühren andünsten. Tomaten, Lorbeerblätter, Sherry und Fisch hinzufügen, mit Pfeffer und Salz würzen und bei schwacher Hitze noch etwa 20 Minuten garen. Zwischendurch umrühren.

DAZU SCHMECKT REIS, Taro und Salat.

FÜR 4 PERSONEN

2 mittelgroße Stockfische
1 Zwiebel
3 Knoblauchzehen
1 grüne Paprikaschote
4 EL Olivenöl
4 EL passierte Tomaten
  oder 2 EL Tomatenmark
  und 2 EL Wasser
2 Lorbeerblätter
3 EL Sherry
$1/_4$ TL Pfeffer
Salz

Langusten in Sauce

Langosta Enchilada

Die karibischen Gewässer sind reich an Fischen und Meeresfrüchten. Die über 300 essbaren Fischsorten sowie Langusten, Schildkröten, Muscheln und Krabben locken nicht erst seit Hemingway unzählige von Anglern an die cubanischen Küsten. Westlich von Havanna liegt einer der beliebtesten Angelplätze der Insel: Dort treibt der Golfstrom große Fischschwärme durch die schmale Meerenge von Mexiko und Florida. Diesem Ort setzte Hemingway in seinem Roman *der Alte und das Meer* ein Denkmal. Cuba ist aufgrund seiner hohen Bestände zu einem bedeutenden Langusten-Exporteur aufgestiegen. Sie werden auch von uns hoch geschätzt und sind traditionell mit einem Festessen verbunden.

ZUBEREITUNGSZEIT: ETWA 20 MINUTEN
GARZEIT: ETWA 30 MINUTEN

ZUBEREITUNG

DIE ZWIEBEL SCHÄLEN und fein hacken, den Knoblauch schälen und durchpressen. Paprika waschen, halbieren, putzen und in kleine Würfel schneiden.

IN EINER PFANNE das Öl erhitzen und die Langusten mit Schale darin einige Minuten braten, bis sie eine rosige Farbe annehmen. Zwiebel, Knoblauch und Paprika hinzufügen und kurz andünsten.

INZWISCHEN DIE PETERSILIE waschen und fein hacken. Mit Tomaten, Ketchup, Weißwein, Essig, Lorbeerblättern, Pfeffer, Sojasauce, Chilisauce und Salz zu den Langustenschwänzen geben und bei schwacher Hitze zugedeckt noch etwa 25 Minuten garen.

LANGUSTEN PASSEN ZU REIS, gebratenen Bananen, frittiertem Gemüse und Salat.

FÜR 4 PERSONEN

1 Zwiebel
3 Knoblauchzehen
1 grüne Paprikaschote
4 EL Olivenöl
2–3 Langustenschwänze (tiefgekühlt und aufgetaut)
1 Bund glatte Petersilie
250 g passierte Tomaten oder 100 g Tomatenmark und 150 ml Wasser
3 EL Ketchup
4 EL Weißwein, 1 EL Essig
2 Lorbeerblätter
$1/2$ TL Pfeffer
1 TL Sojasauce
$1/2$ TL Chilisauce, Salz

Beilagen

KÖSTLICH UND ALLTÄGLICH
ZUGLEICH. **GEMÜSE** WIRD
IN CUBA ZU JEDER MAHL-
ZEIT GENOSSEN — ALS
BEILAGE. VEGETARISCHE
HAUPTGERICHTE GELTEN
ALS UNVOLLSTÄNDIGE
MAHLZEITEN, ALS
UNGELIEBTE NOTWENDIG-
KEITEN IN ZEITEN VON
KRISEN UND FLEISCH-
KNAPPHEIT. DABEI SIND
DIE **CUBANISCHEN**

GEMÜSEGERICHTE — SER-
VIERT MIT REIS, BOHNEN,
BROT ODER **SALAT** —
UNBEDINGTE KÖSTLICHKEI-
TEN FÜR VEGETARIER.
FÜR **KOCHBANANEN,**
KARTOFFELN, SÜSSKAR-
TOFFELN, YAMSWURZEL,
MANIOK UND TARO BE-
NUTZT MAN IM CUBANI-
SCHEN DEN OBERBEGRIFF
VIANDAS. SIE ERSET-
ZEN IN VIELEN ORTEN DES
LANDES HEUTE IMMER NOCH
DAS **BROT.**

Das Wort Viandas sorgte allerdings auch schon für Verwirrung. So schrieb der Franzose Maurice de Walléffe zu Beginn des 20. Jahrhunderts über cubanische Gewohnheiten, dass sich dort die Armen hauptsächlich von Fleisch ernährten. Diese Lobpreisung beruhte allerdings auf einem Missverständnis: dem Franzosen wurde nämlich in Havanna erläutert, dass die Ernährung der armen Leute hauptsächlich aus Gemüse (viandas) bestand. Er hingegen verstand *viande*, was im Französischen Fleisch bedeutet und die Bettelmänner Cubas in seinem Buch »Les paradies de l'Amerique Central« kulinarisch zu Königen machte.

Eines der beliebtesten *Vianda* Gerichte ist eine Art Gemüse-Eintopf, die *Caldosa*. Sie besteht aus allen Leckereien, die man auf den Märkten Cubas finden kann: Süßkartoffeln, Kochbananen, Taro, Kartoffeln, Kürbis und Maniok. Diese *Caldosa* begleitet meistens die in Cuba weit verbreiteten Nachbarschaft-*fiestas*, wo sie direkt auf der Straße über dem Holzfeuer in einem enorm großen Gefäß gekocht wird, um das sich alle versammeln. Da sie sehr viele Vitamine enthält, werden der »caldosa popular« zusätzlich therapeutische Eigenschaften zugeschrieben; sie ist für uns eine Art Zaubertrank. Man spricht von »una caldosa que levanta un muerto« (einer caldosa, die einen Toten wiederbelebt). Auch der in Cuba bekannte Sänger Inocente Iznaga erzählt uns in einem seiner populärsten Lieder von diesem Wundergericht: Danach kam einmal ein alter, gebrechlicher Mann zu einer Fiesta von Don Quique und bedauerte, dass er nicht mehr mitfeiern konnte. Don Quique schmunzelte, reichte dem Alten einen Teller Caldosa und bevor dieser sich versah, schwang er das Tanzbein und ruhte nicht vor Sonnenaufgang. Ob der Gemüseeintopf wirklich solche Zauberkräfte verleiht, sei dahingestellt — mit diesem Lied über ihn sorgt er aber bis heute für Spaß und gute Laune.

In Blätter gewickelter Maisbrei

Tamales en hojas

Im Osten Cubas liegt der Ort *Punta de Maisí*. Das gelbe Korn war in der Zeit vor der spanischen Kolonisation nicht bloß Grundnahrungsmittel, sondern wurde darüber hinaus den indianischen Göttern geopfert. Als Kolumbus 1492 die groß angelegten Maisfelder auf der Insel entdeckte, war er so fasziniert, dass er der spanischen Königin Isabel la Católica in einem Brief davon berichtete. Er brachte eine Auswahl an Maiskolben auf die iberische Halbinsel. Einige der indianischen Mais-Rezepte sind noch heute Bestandteil der kreolischen Küche. In den 30er Jahren, als die cubanische Wirtschaft von der Weltwirtschaftskrise gebeutelt wurde, bestand eine Mahlzeit der ärmeren Bevölkerung oft aus gekochtem Maismehl und Avocadostücken. *Tamales en hojas* ist eine der bekanntesten Zubereitungsarten von Mais.

*Al que nace pa´ Tamal,
del cielo le caen las hojas.*
(Refrán popular)

(»Wer als Tamal geboren wurde, dem fallen die Blätter vom Himmel« bedeutet im cubanischen Volksmund, dass jeder das bekommt, was ihm zusteht.)

TIPP

Damit das Gericht nicht zu teuer wird, sollten Sie die Maiskolben auf dem Wochenmarkt oder beim Bauern kaufen. Wer keine Maiskolben mit Blättern bekommt, kann auch Bananenblätter nehmen.

ZUBEREITUNGSZEIT: ETWA 40 MINUTEN
GARZEIT: ETWA 1 STUNDE

ZUBEREITUNG

FÜR 6–8 PERSONEN

25 Maiskolben oder 700 g Maiskörner aus der Dose
500 g Schweinefleisch (Gulasch)
1 große Zwiebel
3 Knoblauchzehen
1 grüne Paprikaschote
3 EL Öl, 3 EL Tomatenmark
Salz, Küchengarn zum Verschließen
1 l Gemüsebrühe

> **DAS DICKERE ENDE** der Maiskolben mit einem scharfen Messer einschneiden. Die Blätter vorsichtig entfernen. Die Körner mit dem Messer abschneiden – die Körner sollten etwa 700 g wiegen. In einem Mixer zerkleinern.

DAS FLEISCH in kleine Würfel schneiden. Die Zwiebel schälen und fein hacken, den Knoblauch schälen und zerdrücken. Paprika waschen, halbieren und putzen, dann in kleine Würfel schneiden. Das Öl in einer Pfanne erhitzen, das Fleisch darin anbraten. Zwiebel, Knoblauch, Paprika und Tomatenmark hinzugeben und unter Rühren etwa 5 Minuten dünsten.

IN EINER SCHÜSSEL die Fleischmischung mit dem Maisbrei mischen und salzen. Ein Maiskolbenblatt flach auf die Arbeitsfläche legen, mit dem runden Ende nach oben. Einmal das Blatt längs zu einer Röhre formen. $^1/_3$ der Röhre unten abknicken und auf die Röhre legen. Nun von oben in den Trichter die Maismasse füllen und mit der Blattspitze verschließen. Ein zweites Blatt in gleicher Weise um das Päckchen legen. Alles mit Küchengarn umwickeln und verschließen. Alle weiteren Päckchen genauso herstellen.

DIE GEMÜSEBRÜHE zum Kochen bringen. Die Tamales darin zugedeckt bei schwacher bis mittlerer Hitze etwa 1 Stunde kochen. Zum Essen die Blätter entfernen.

Maniok mit Mojo
Yuca con mojo

Diesen rhythmischen Song sang einst der cubanische Sänger Faustino Oramas *El Guayabero*. Er ist dem Maniok gewidmet, einer Gemüseart, die bereits in der Vorkolonialzeit gegessen wurde. In einer religiösen Zeremonie wurde aus Maniok eine Flüssigkeit gewonnen, die man auf indianisch *hyen* nannte, eine Art Essig, der als Würzmittel diente. Aus der festen Masse des Maniok backten die Indios *casabe* (auch *casabí*) für ihre langen Jagd- und Angelreisen. Heute wird Maniok insbesondere im östlichen Teil der Insel zubereitet. Eines der bekanntesten Rezepte ist *Yuca con mojo*.

Al verla lanzó un suspiro
y dijo de esta manera
yo sí me la como entera
la yuca de Casimiro.

(aus einem Son von Rogelio Díaz)

ZUBEREITUNGSZEIT: ETWA 20 MINUTEN
GARZEIT: ETWA 20 MINUTEN

ZUBEREITUNG

MANIOK SCHÄLEN, in große Stücke schneiden und in 2 l Salzwasser in etwa 20 Minuten weich kochen, dann abgießen und mit Limetten- oder Zitronensaft beträufeln.

DEN KNOBLAUCH SCHÄLEN und durchpressen. Das Öl in einer Pfanne erhitzen, Knoblauch unter Rühren darin leicht braten. Das heiße Knoblauchöl über die Maniok gießen.

DER MANIOK ist eine köstliche Beilage zu Reis und Fleisch.

FÜR 6–8 PERSONEN

1 kg Maniok
Salz
3 EL Limetten- oder Zitronensaft
2 Knoblauchzehen
3 EL Öl

Gefüllte Kartoffelbällchen
Papas rellenas

Obwohl die Kartoffel ursprünglich ein südamerikanisches Gemüse ist, wurde sie erst in Europa eingeführt, angebaut und verzehrt, bevor die Spanier die nahrhafte Knolle nach Cuba brachten. Wirklich durchgesetzt hat sie sich jedoch in den kreolischen Kochtöpfen bis heute nicht. Man isst sie nur gelegentlich, und dann am liebsten püriert oder frittiert, als Beilage oder als »Suppenfüller«.

Das folgende Kartoffelrezept stammt von libanesischen Einwanderern, die als kleine Minderheit in einem Stadtteil Havannas meist vom Schmuckhandel lebten. Es ist eines der wenigen Kartoffelgerichte, das einen festen Platz in der cubanischen Küche hat.

ZUBEREITUNG

- **DIE KARTOFFELN SCHÄLEN** und zugedeckt in Wasser weich kochen.
- **INZWISCHEN DIE ZWIEBEL** schälen und fein hacken, den Knoblauch schälen und durchpressen. Das Öl in einer Pfanne erhitzen. Zwiebel und Knoblauch darin andünsten. Hackfleisch dazugeben und braten, bis es nicht mehr rot ist, dann salzen. Oder das Hähnchen oder den Käse würfeln und mit der Zwiebelmischung vermengen.
- **DIE GEGARTEN KARTOFFELN** abtropfen und leicht ausdämpfen lassen, durch die Kartoffelpresse drücken und salzen. 2–3 Esslöffel Kartoffelpüree auf der Hand ausbreiten, mit 1–2 Teelöffeln Hackfleisch belegen und darüber schließen, so dass Klöße von 6–7 cm Durchmesser entstehen.
- **DIE EIER IN EINEM TELLER** leicht verquirlen. Die Klöße erst im Ei, dann im Paniermehl wälzen. Öl zum Frittieren in einem Topf erhitzen und die Kartoffelklöße darin portionsweise goldgelb und knusprig frittieren. Auf Küchenpapier abtropfen lassen.
- **MIT REIS, BOHNEN** und Salat servieren.

FÜR 6–8 PERSONEN

1 kg mehlig kochende Kartoffeln
1 kleine Zwiebel
1 Knoblauchzehe
2 EL Öl
200 g Hackfleisch, gegartes Hähnchenfleisch oder Käse
Salz
2 Eier
180 g Paniermehl
etwa 1 l Öl zum Frittieren

53

Die Banane ist heute eine der gängigsten, weil innig geliebten Beilagen auf Cubas Esstischen. Bereits Cubas Nationalheld José Martí (1853–1898) erwähnte in seinem Tagebuch die köstlichen Früchte: *»Wir wachen unter Befehl auf. Eine Gruppe wird zu dem weit entfernten Übungsplatz geschickt, andere zu den Tabakplantagen, um im dortigen spanischen Laden einzukaufen.*

Sie kommen mit Salz, albargatas (typische Hanfschuhe der Spanier), einer Papiertüte, drei Flaschen Likör, Schokolade und Rum zurück. José bringt Schweinefleisch mit. Das Essen: Schweinefleisch mit Bananen und Yams. Zum Frühstück Frangollo (Speise aus zerriebenen Bananen), Dulce de Plátanos (ein Bananen-Dessert) und Käse.«

Frittierte Kochbananen
TOSTONES CHATINOS DE PLÁTANO VERDE

FÜR 6–8 PERSONEN

3 grüne Kochbananen
etwa 750 g Öl zum
   Frittieren
Salz

ZUBEREITUNGSZEIT: ETWA 20 MINUTEN

> **BANANEN SCHÄLEN** und in 2 cm große Stücke schneiden. Schneidet man die Banane in dicke Stücke, bleibt der Fruchtgeschmack gut erhalten.
>
> **IN EINER PFANNE** mit kaltem Öl mischen, warm werden lassen und leicht braten. Aus dem Öl heben und gut abtropfen lassen. Bananen mit einem Stück Papier belegen und gut zusammen pressen, ein zweites Mal frittierten und erneut abtropfen lassen. Mit Salz bestreuen.

Knusprig grüne Kochbananen
CHICHARRITAS DE PLÁTANO VERDE

FÜR 6–8 PERSONEN

3 grüne Kochbananen
etwa 750 ml Öl zum
   Frittieren
Salz

ZUBEREITUNGSZEIT: ETWA 20 MINUTEN

> **BANANEN SCHÄLEN,** in sehr dünne Scheiben schneiden und im heißen Öl frittieren, bis sie knusprig sind. Brät man die Bananen in sehr dünnen Scheiben, werden sie knuspriger – ähnlich den Chips. Aus dem Öl heben und gut abtropfen lassen. Mit Salz bestreuen.

Im cubanischen Volksmund heißt es: *es preferible boniato a gusto que carne a disgusto* (lieber Süßkartoffel mit Vergnügen als Fleisch mit Missvergnügen).
Taroknollen werden in Cuba auch – ähnlich wie Kartoffeln – geschält, als ganzes gekocht und dann püriert oder in Stücke geschnitten mit gebratenen Zwiebeln und Knoblauch als Beilage serviert.

INFO

Die Süßkartoffel, die in Cuba hervorragend gedeiht, ist ein sehr typisches Gericht auf dem Land, vor allem der ärmeren Bevölkerung. Sie ergänzt sich sehr gut mit Maismehl-Produkten und Avocado.

Frittierte Süßkartoffeln

BONIATO FRITO

ZUBEREITUNGSZEIT: ETWA 20 MINUTEN

FÜR 6–8 PERSONEN

- 3 mittelgroße Süßkartoffeln
- etwa 150 ml Öl zum Frittieren
- Salz

SÜSSKARTOFFELN SCHÄLEN und in dicke, lange Stücke schneiden. Mit dem kalten Öl in eine Pfanne geben, erhitzen und goldbraun braten. Gut abtropfen lassen und mit Salz bestreuen.

Frittierte Taro

FRITURAS DE MALANGA

ZUBEREITUNGSZEIT: ETWA 20 MINUTEN

INFO

Die Taro-Knolle lässt sich manchmal schwer weich kochen. Daher beschreiben die Cubaner die Zeiten der ökonomischen Krise mit dem Ausspruch *la malanga está muy dura* (die Taro ist sehr hart).

FÜR 6–8 PERSONEN

- 500 g Taroknollen
- 1 Knoblauchzehe
- einige Zweige Petersilie
- 1 Ei
- 1 TL Essig
- Salz
- Etwa 750 ml Öl zum Frittieren

TAROKNOLLEN SCHÄLEN und auf der Rohkostreibe fein reiben. Den Knoblauch schälen und durchpressen. Petersilie waschen und fein hacken.

DIE ZERKLEINERTEN ZUTATEN mit dem Ei, Essig und Salz gut vermischen. Öl in einer Pfanne erhitzen und den Teig esslöffelweise hineingeben und goldbraun frittieren. Gut abtropfen lassen.

Desserts

DER CUBANISCHE GAUMEN
IST ZUCKERVERWÖHNT. BE-
REITS DIE MAGEREN SKLA-
VEN KAUTEN **ZUCKER-
ROHR** UND LUTSCHTEN
WÄHREND DER HARTEN ERN-
TEARBEIT DESSEN **SAFT,**
UM DAS HUNGERGEFÜHL ZU
BETÄUBEN. UND DAS KÖR-
NIGE AGRARGUT **NUMMER
EINS** WAR SELBST IN
CUBAS KRISENJAHREN IM-
MER ERHÄLTLICH.

FAST VERWUNDERLICH, DASS DAS SÜSSE BACKEN BEI DEN BEWOHNERN DER »ZUCKERINSEL« KEINE TRADITION BESITZT. DOCH IN DEN ZEITEN DER SPANISCHEN HERRSCHAFT HATTE MAN DIE ANGEWOHNHEIT, DIE SCHWARZEN KÖCHE IN ANDALUSISCHE KLÖSTER ZU SCHICKEN, DAMIT SIE DORT DIE KUNST DER KONDITOREI ERLERNTEN. DIE REZEPTE DER MÖNCHE VERRIETEN BEREITS ARABISCHE EINFLÜSSE, DIE AFRIKANISCHEN KÖCHE TATEN das Ihre und verfeinerten die süße Kunst mit Kokosnuss, Banane, Zuckerrohrsaft und Kaffee. Mit der Zeit wurden Früchte und Gemüsearten, die auf Cuba gedeihen, in die Herstellung der Desserts aufgenommen und an die jüngeren Generationen weitergegeben.

Bereits das erste literarische cubanische Werk *Espejo de Paciencia* von Silvestre de Balboa Troya y Quesada aus dem Jahre 1608 erzählt von der Vielzahl der tropischen Früchte Cubas. Im Laufe der Zeit haben noch viele cubanische Schriftsteller und Liedautoren den tropischen Früchten ihre Werke gewidmet. Die saftigen und wohlschmeckenden Gesellen galten in Cuba immer als ein Symbol für die eigene Identität. Das cubanische Nationalbewusstsein erwachte – das cubanische Volk war eben »anders« als die spanischen Kolonialherren – gemäß ihrer Früchte.

Und ein Pataquí, eine Erzählung der afro-cubanischen Religion, handelt von *Elegguá*, Sohn von *Okuboro*, dem König von *Añagui*:

Als Elegguá noch ein Knabe und mit seinem Gefolge auf Reisen war, bemerkte er einmal auf dem Boden ein leuchtendes Licht, das drei Augen hatte: eine getrocknete Kokosnuss, ein *Obi*. *Elegguá* nahm sie mit zum Schloss, wo er jedoch nach einigen Tagen das Interesse an der Kokosnuss verlor und sie fortschmiss. Zum Erstaunen des gesamten Hofes begann der *Obi* hell zu leuchten. Drei Tage später starb *Elegguá* und das Volk geriet in große Not. Die Ältesten, die *Aruppo*, kamen zu dem Schluss, dass sie den *Obi* heiligen müssten. Sie stellten die Kokosnuss auf den heiligen Stein *Otá*, um *Elegguá* zu gedenken. Das war die Geburtsstunde des *Elegguá* als *Orischa*, als Gott des Schicksals, der die Türen zu Leben und Tod, Glück und Unglück öffnen konnte.

Noch im 15. und 16. Jahrhundert war es auf der iberischen Halbinsel üblich, Wein und Honig – wertvolle Lebensmittel – in ausgehöhlten Kürbissen zu transportieren. *Perder güiro-calabazo y miel* [Kürbisbaum und Honig verlieren] bedeutet im cubanischen Volksmund, »alles« zu verlieren.

Eine typisch cubanische Gewohnheit ist heute leider fast verloren gegangen und nur noch in wenigen ländlichen Regionen der Insel verbreitet: Über den Zaun reicht man seinem Nachbarn einen Teller mit einem frisch bereiteten Dessert. Die Tradition verlangte, dass der Teller nicht leer, sondern mit einer neuen süßen Köstlichkeit zurückgegeben werden durfte. Wie wäre es, wenn Sie einmal eine der folgenden cubanischen Süßspeisen Ihrem Nachbarn reichen würden?! Vielleicht kommt ja etwas zurück...

KAFFEE

Kaffee kam mit den Franzosen nach Cuba, die aus Haiti flüchteten. Seitdem wird er im Osten der Insel in schwer zugäng-lichen Bergregionen angebaut. Die schweren Bedingungen dort halten die wirtschaftliche Bedeutung des Kaffeehandels gering – obwohl der cubanische Kaffee von hervorragender Qualität ist.

Das schwarze Getränk wird täglich und reichlich auf Cuba getrunken – im Gegensatz zum Tee, der erst mit den Handelsbeziehungen mit der früheren Sowjetunion bekannt wurde. Eine Tasse *café* zu servieren, ist für die Cubaner unweigerlich ein Zeichen von Gastfreundschaft. In unseren *cafeterías* mögen manchmal die Speisen ausgegangen sein – auf der Menütafel jedoch wird immer noch *tabacos, cigarros y café* zu lesen sein.

Früher benutzte man ein Stoffsieb, um das geliebte schwarze Getränk vom Pulver zu trennen. Heute braut man es in einer kleinen Espresso-Maschine, die direkt aufs Feuer gestellt wird.

CAFÉ CRIOLLO

In der kreolischen Tradition werden pro Tasse eine Tasse Wasser und ein Teelöffel brauner Zucker gekocht und dann zwei Esslöffel Kaffee hinzugegeben. Kurz aufkochen lassen und durch ein Sieb gießen.

Die Kokosnuss ist in Cuba eine beliebte Frucht, die nicht nur frisch gegessen wird. Ihre Milch, die wir *agua de coco*, also »Kokoswasser« nennen, wird auch als Heilmittel verwendet und soll vor allem den Nieren gut tun.
Der Name der Papaya, *Fruta bomba* genannt, hat einen afrikanischen Ursprung: *Fruta* bedeutet im Spanischen Obst. Und in der Sprache der aus Sierra Leone kommenden Afrikaner, die zu den ersten Sklaven in Cuba gehörten, war das Wort *bomb* die Bezeichnung für Frau oder für weiblich. Als diese die Papaya kennen lernten, gaben sie ihr den Namen *weibliche Frucht*.

INFO

Die Papaya wird aufgrund ihres tropisch-süßen Geschmacks auf der ganzen Insel geliebt. Im westlichen Cuba wird sie *fruta bomba* genannt.

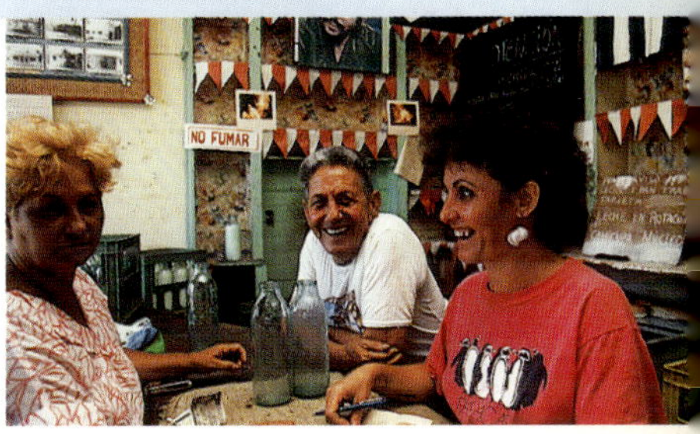

Kokosnussraspel
ALEGRÍA DE COCO

ZUBEREITUNGSZEIT: ETWA 30 MINUTEN

FÜR 6–8 PERSONEN

250 g Zucker
1/4 TL Limetten- oder Zitronensaft
1 Zimtstange
500 g geraspelte Kokosnuss (frisch oder aus der Tüte)

ZUCKER, LIMETTEN- ODER ZITRONENSAFT, Zimtstange und 600 ml Wasser in einem Topf gut vermischen und zum Kochen bringen. Die Kokosnussraspel hinzufügen. Alles bei mittlerer Hitze unter Rühren etwa 20 Minuten kochen, bis eine dickflüssige Masse entstanden ist. Vor dem Servieren abkühlen lassen.

Papayadessert
DULCE DE FRUTA BOMBA

ZUBEREITUNGSZEIT: ETWA 35 MINUTEN

FÜR 6–8 PERSONEN

2 Papayas
200 g Zucker
1 Zimtstange
1 Stück unbehandelte Zitronen- oder Orangenschale

DIE PAPAYAS SCHÄLEN, von den Kernen befreien und in etwa 3 cm große Würfel schneiden. In einem Topf mit Zucker, Zimtstange, 1/4 l Wasser und Zitronen- oder Orangenschale zugedeckt bei mittlerer Hitze etwa 20 Minuten kochen lassen. Abgekühlt servieren.

Süßkartoffeln mit Mango
BONIATILLO CON MANGO

ZUBEREITUNGSZEIT: ETWA 50 MINUTEN

> DIE SÜSSKARTOFFELN SCHÄLEN, in Stücke schneiden und in etwa 6 Esslöffel Wasser zugedeckt bei mittlerer Hitze in etwa 30 Minuten weich kochen.

DIE GEGARTEN KARTOFFELN abtropfen lassen und durch ein Sieb streichen. Zucker und Mango Pulpe hinzufügen und alles bei mittlerer Hitze noch einmal 6–10 Minuten kochen lassen, bis ein Brei entsteht. Abkühlen lassen und mit Zimt bestreut servieren. Eventuell mit frischen Mangoscheiben garnieren.

FÜR 6–8 PERSONEN

3 mittelgroße Süß-
  kartoffeln
200 g Zucker
150 g Mango Pulpe (Dose;
  Asienladen)
Zimt zum Bestreuen
eventuell Mangoscheiben

INFO

Mangobäume sind hoch gewachsene Bäume – die Ernte der Früchte ist kein leichtes Unterfangen. Die daraus abgeleitete Redewendung *coger mangos bajitos* [niedrige Mangos pflücken] meint etwas, was jemandem leicht gefallen ist.

Kürbisflan
FLAN DE CALABAZA

ZUBEREITUNGSZEIT: ETWA 30 MINUTEN
BACKZEIT: 25–30 MINUTEN

> DAS KÜRBISFLEISCH in Stücke schneiden und in wenig Wasser zugedeckt bei mittlerer Hitze in etwa 15 Minuten weich kochen.

DANN DEN BACKOFEN auf 200° vorheizen. Den gegarten Kürbis abtropfen lassen, pürieren und mit Kondensmilch, Eiern und Vanillinzucker vermischen. Den Grill im Backofen einschalten. Den Zucker in eine mittelgroße feuerfeste Form (oder in Portionsförmchen) streuen und einige Sekunden grillen, bis er karamelisiert.

DEN BACKOFEN wieder auf 200° (Umluft 180°) schalten. Die Kürbismasse in die Form füllen, in den Ofen schieben und 25–30 Minuten backen, bis die Masse gestockt ist. Vor dem Servieren abkühlen lassen.

FÜR 4–6 PERSONEN

200 g Kürbisfleisch ohne
  Schale und Kerne
250 ml gezuckerte
  Kondensmilch oder süße
  Sahne und 50 g Zucker
5 Eier
1 TL Vanillinzucker
2 EL brauner Zucker

INFO

Der traditionell spanische, mit Kürbis verfeinerte *flan* ist eines der bekanntesten Desserts der kreolischen Küche.

Scheibenbrot in Sirup

Torrejas en almíbar

Cuba ist kein Land des Getreides, Gebäck – ob süß oder salzig – ist daher nicht sehr verbreitet. Eine kleine Ausnahme sind die *galletas*, ein knuspriges Kleingebäck, das als Zwischenmahlzeit dient. Brot wird nicht selbstverständlich gegessen und wenn, meist in der spanischen Variante mit Öl, Salz und Knoblauch oder mit Käse. Auch ein Abend*brot* ist auf Cuba unbekannt, man isst lieber warm. Dieses fein gewürzte Dessert mit Weißbrot kommt aus der spanischen Küche.

Cuando no hay pan se come casabe
(Refrán popular)

(»Wenn es kein Brot gibt, isst man Casabe« was bedeutet, es gilt, »kleine Brötchen zu backen«.)

ZUBEREITUNGSZEIT: ETWA 30 MINUTEN

FÜR 8 PERSONEN

ZUBEREITUNG

> **FÜR DEN SIRUP** 300 ml Wasser, Zucker, Zimtstangen, Zitronenschale und Essig oder Zitronensaft etwa 5 Minuten kochen lassen, bis die Masse dickflüssig wird.

WÄHRENDDESSEN DAS BAGUETTE in etwa 2 cm dicke Scheiben schneiden. Die Kondensmilch, 3 Esslöffel Wasser, Weißwein, Eigelbe, Salz, Zimtpulver und Vanillinzucker gut vermischen. Die Brotscheiben in diese Mischung legen und kurz darin ziehen lassen. Die Eier in einem tiefen Teller verquirlen.

DIE BROTSCHEIBEN ABTROPFEN lassen und im Ei wenden. In einer Pfanne Öl erhitzen und die Brotscheiben darin von beiden Seiten in etwa 5 Minuten goldbraun braten. Mit Sirup servieren.

Für den Sirup:
4 EL Zucker
2 Zimtstangen
1 Stück unbehandelte Zitronenschale
1 TL Essig oder Zitronensaft

Ausserdem:
1 Baguette
200 ml gezuckerte Kondensmilch oder süße Sahne und 40 g Zucker
2 EL Weißwein, 2 Eigelbe
$1/8$ TL Salz
$1/8$ TL Zimtpulver
$1/2$ TL Vanillinzucker
4 Eier
100 ml Öl zum Braten

67

Cocktails

HAUPTSACHE RUM!
DAS ALKOHOLISCHE **NA-
TIONALGETRÄNK**
CUBAS IST OHNE ZWEI-
FEL DER RUM. MAN
TRINKT IHN **PUR** ODER
IN **COCKTAILS**
(CÓCTELES) — UND IM-
MER LIEBER ALS BIER.
RUM GIBT ES **GOLD,
WEISS, ALT** ODER
EXTRATROCKEN —
JE NACH ALTER UND LA-
GERZEIT.
DAS HOCHPROZENTIGE
WÄSSERCHEN WIRD — IM
GEGENSATZ ZU ANDEREN
SORTEN ALKOHOL — AUS
DESTILLIERTEM SCHNAPS
HERGESTELLT, DER

durch einen Gärungsprozess von Wasser, Hefe und Honig entstand. Der Schnaps wird einige Zeit gelagert, mit anderen Rum-Sorten gemischt und wieder gelagert.

1862 gründete Facundo Bacardí y Mazo, ein Katalane, der in den 30er Jahren auf die Insel kam, in Santiago de Cuba die erste Rum-Destille. Von einem französischen Weinhändler erhielt er die geheime Formel für die Herstellung des weichen und feinen Getränks, die, so erzählt man sich, immer nur in den Händen der Familie und denen der engsten Mitarbeiter blieb. Der Rum der Barcardí-Familie errang Weltruhm durch seine Vollmundigkeit.

Nach der Revolution verlegte die Familie das Unternehmen nach Puerto Rico, wo heute noch der berühmte Bacardí-Rum produziert wird. Doch etwas blieb auf Cuba zurück: einer der früheren Produktionschefs sowie die 50 000 Eichenfässer der Fabrik. Der cubanische Rum der neu eröffneten Destille, die heute in der Stadt Santa Cruz del Norte östlich von Havanna liegt, änderte seinen Namen in *Havana Club*, für Kenner bis heute einer der besten Rume der Welt. Diese feine und weiche Sorte ist für viele Cubaner unerschwinglich,

daher greifen sie auf selbstgemachten Rum zurück – den sie humorvoll nach dem Qualmausstoß einer Lokomotive *Chisp´e tren* nennen. Um dessen scharfen Geruch abzuschwächen, mischen sie ihn mit Wasser (*para quitarle el tufo*), was allerdings den schweren Kater (*la fuerte resaca*) des nächsten Tages auch nicht verhindern kann!

Für die folgenden Rezepte bietet sich ein dreijähriger *Havana Club* an. Andere beliebte Rumsorten in Cuba sind *Matusalem*, der den Namen des Gottes des »langen Lebens« trägt und unter Kennern als Geheimtipp gehandelt wird; der Rum *Caney*, dessen indoantillischer Name an die kegelförmigen Hütten der Ureinwohner erinnert; und der Rum *Varadero*, der nach einem der schönsten Strände Cubas benannt wurde.

Rum wird in Cuba bei jeder Gelegenheit getrunken. Sei es auf *fiestas*, während eines Dominospiels oder beim gemütlichen Treffen unter Freunden. »*Echarse un par de tragos*« (ein paar Gläschen kippen) gehört meist dazu. Rum wird aber auch zum Kochen oder bei den Zeremonien der afrocubanischen Religion »Santeria« verwandt. Und bevor man sich eine neue Flasche munden lässt, gießt man ein paar Tropfen in eine Ecke – zu Ehren der Götter, damit sie einem auch in Zukunft wohlgesonnen bleiben.

Das traditionelle Maß für Alkoholmengen ist Oz, *una onza* (eine Unze).
Sie entspricht etwa 30 ml.

Bebedor de trago largo,
gargero de hoja de lata,
en mar de ron, barco suelto,
jinete de la cumbancha:
¿que vas a hacer con la noche
si ya no podrás tomártela,
ni que vena te dará
la sangre que te hace falta,
si se te fue por el caño
negro de la puñalada? …
… Ya se acabó Baldomero:
¡zumba, canalla, rumbero!

(von Nicolás Guillen)

Daiquirí

Der zweitbeliebteste Cocktail Cubas wurde von nordamerikanischen Ingenieuren erfunden, die sich Anfang des Jahrhunderts im Osten der Insel, nahe des Ortes Daiquirí, angesiedelt hatten. Sie mischten Rum mit Zucker, Zitronensaft und Eis – und sorgten damit in Cuba für ein neues Getränk.

Hemingway trank ihn auch. Bekannt sind seine Worte: »*Meinen Mojito in La Bodeguita del Medio, meinen Daiquirí in El Floridita …*«

ZUBEREITUNGSZEIT: ETWA 5 MINUTEN

 DEN ZUCKER IN Limettensaft auflösen. Den Rum hinzufügen und in einem Mixer mit dem Eis mischen. In einem Cocktailglas servieren.

FÜR 1 GLAS

4 EL Zucker
4 EL Limetten- oder
  Zitronensaft
1 1/2 Oz (45 ml) Rum
etwa 3 EL zerriebenes Eis

Mojito

Mojito ist der Klassiker unter den cubanischen Cocktails. Die besten Mojitos werden in *la Bodeguita del Medio* gemischt, einem kleinen, liebenswürdigen Restaurant im Stadtteil *Havanna Vieja*. Hier soll bereits Hemingway täglich seinen Mojito zu sich genommen haben.

Angel Martinez, Ex-Besitzer der *Bodeguita*, erzählt uns die Geschichte des Mojito: »*Ich wusste, dass während der Kolonialzeit die Herren den Sklaven Schnaps gaben – als Anregung zum Arbeiten. Die aus Afrika kommenden Sklaven haben den Schnaps in ihrer Ahnenweisheit mit Minze gemischt. Mit der Zeit haben auch ihre Herren dieses Getränk probiert – und es hat ihnen geschmeckt. Sie ergänzten es mit Limettensaft.*

Der Mojito ist also ein typisch cubanisches Getränk. Das Einzige, was ich daraufhin tat, war, es an der Theke der Bodeguita anzubieten. Die Gäste akzeptierten es sofort.«

ZUBEREITUNGSZEIT: ETWA 5 MINUTEN

 IN EINEM GLAS Zucker in Limettensaft auflösen. Minzeblättchen abzupfen und mit Limettenzucker im Mörser gut zermahlen, damit die Kräuter ihr Aroma abgeben. Rum und Eis hinzufügen, mit Wasser auffüllen und umrühren.

FÜR 1 GLAS

1 TL Zucker
1/2 TL Limetten- oder
  Zitronensaft
2 Zweige Minze
1 1/2 (45 ml) Oz Rum
2–4 Eiswürfel
2 Oz (60 ml) Mineral-
  wasser

Presidente

Die Regierungszeit des Präsidenten Ramón Grau San Martín, der Mitte des 20. Jahrhunderts für seine undisziplinierte, chaotische Landesführung bekannt war, löste auf der Insel das Rätsel um den Diamanten der *capitolio nacional* aus:

In Havannas Mitte war nach US-amerikanischem Vorbild ein Kapitol gebaut worden, in dem – in der Form eines Frauenkörpers – eine riesige Statue das Land Cuba symbolisierte. Ein Diamant kennzeichnete den »Kilometer Null«, von ihm aus wurden die Entfernungen zu den anderen Teilen Cubas gemessen. Eines Tages war der wertvolle Stein verschwunden. Aufgrund seiner soliden Verarbeitung eigentlich unmöglich!

Fast fünfzehn Monate hörte man nichts von dem kostbaren Diamanten – bis er plötzlich, eines Tages, in ein Stück Papier gewickelt auf dem Schreibtisch des Präsidenten auftauchte. Ob der Cocktail nun auf die Reinheit des Diamanten oder auf die Nachlässigkeit des Präsidenten anspielt – er erinnert an eine Episode der cubanischen Geschichte.

ZUBEREITUNGSZEIT: ETWA 5 MINUTEN

 **IN EINEM GLAS RUM** mit Wermut mischen. Orangenschale drehen und in das Glas geben. Mit 1 Sauerkirsche verzieren.

Mulata

Dieses Getränk lässt uns an den im 19. Jahrhundert geschriebenen Roman *Cecilia Valdés* von Cirilo Villaverdes denken: Cecilia, eine junge, schöne Mulattin lebt bei ihrer Großmutter. Ihre Eltern, ein begüterter Spanier und eine Mulattin, hat sie niemals kennen gelernt. Das Schicksal will, dass sie sich in Leonardo Gamboa verliebt, Sohn ihres Vaters und dessen rechtmäßiger Ehefrau. In einem tragischen Ende stirbt dieser durch die Hand Cecilias treuestem Verehrer Pimienta. Cecilia trauert so sehr, dass sie ihren Verstand verliert.

Villaverdes Roman ist ein Klassiker. In farbigen Bildern bettet er die Liebesgeschichte in das Portrait der durch Rassen und Schichten hierarchisierten Gesellschaft ein.

ZUBEREITUNGSZEIT: ETWA 5 MINUTEN

ZUCKER IM LIMETTENSAFT AUFLÖSEN, Rum und Likör hinzugeben. Das Eis untermischen und gut schütteln. In einem Cocktailglas servieren.

FÜR 1 GLAS

- 1 1/2 (45 ml) Oz Rum
- 1 1/2 (45 ml) Oz roter Wermut (z.B. Martini oder Cinzano)
- 1 Stück unbehandelte Orangenschale
- 1 Sauerkirsche

FÜR 1 GLAS

- 1 TL Zucker
- 2 TL Limetten- oder Zitronensaft
- 1 Oz (30 ml) Rum
- 1 Oz (30 ml) Kakao-Likör
- etwa 3 EL zerriebenes Eis

Cuba libre

Der Name dieses inzwischen weltweit beliebten Cocktails bezieht sich nicht, wie fälschlicherweise angenommen, auf die heutigen politischen Entwicklungen des Karibikstaates – er geht auf die Zeit zurück, in der US-amerikanische Soldaten die cubanische Unabhängigkeitsbewegung gegen die Spanier unterstützten, um damit ökonomisch Fuß zu fassen. In ihrem Gepäck brachten sie Coca-Cola mit auf die Insel. Da ihnen der Rum zu stark war, mischten sie ihn mit dem süßen Getränk und kreierten so einen neuen Cocktail. Cubas Kampf gegen die spanische Vorherrschaft wurde gewonnen – Folge war ein *Cuba libre* – ein freies Cuba – allerdings mit starker wirtschaftlicher Abhängigkeit von den USA.

ZUBEREITUNGSZEIT: ETWA 2 MINUTEN

> **RUM IN EIN HOHES GLAS** geben und mit Cola auffüllen, mindestens 2 Eiswürfel dazugeben.

FÜR 1 GLAS

2 Oz (60 ml) Rum
Coca-Cola zum Auffüllen
2–6 Eiswürfel

Punsch mit Früchten
PONCHE DE FRUTAS

ZUBEREITUNGSZEIT: ETWA 10 MINUTEN

> **ZUCKER, RUM, SÄFTE** und Ginger Ale gut vermischen, bis der Zucker sich aufgelöst hat. Eis und Obststücke hinzufügen.

FÜR 20 GLÄSER

6 EL Zucker
1 l Rum
$^1/_2$ l Grapefruitsaft
$^1/_2$ l Orangensaft
$^1/_2$ l Ananassaft
180 ml Limettensaft
4 Flaschen Ginger Ale
4 Eiswürfel
kleine Stücke von $^1/_2$
   Ananas, $^1/_2$ Wassermelone
   oder 2 Orangen

Glossar

FLEISCH

Chorizo: Typisch spanische Paprikawurst mit Knoblauch. Chorizo verwendet man in Cuba sowohl als Aufschnitt als auch zum Kochen, vor allem für Suppen und Eintöpfe.

Dörrfleisch: Getrocknetes und gesalzenes Rindfleisch.

FISCH UND MEERESFRÜCHTE

Langusten – **Langosta** (*Palinuridae* – *Palinurus vulgaris*): Ein Meeresschalentier, das während des Kochens seine Farbe von schwarz zu rot wechselt. Das feste, weiße Fleisch ist weltweit eine Delikatesse – und fast unbezahlbar. In vielen cubanischen Restaurants sind Langusten im Vergleich recht günstig.

Red Snapper – **Pargo** (*Lutianus spec., Lutianidae- Schnapper*): Ein Weißfisch mit festem Fleisch, in Cuba sehr beliebt. Schmeckt gegrillt und gebraten, eignet sich im ganzen Stück nicht zum Garen. Eine Alternative zu Red Snapper ist Barsch.

Stockfisch – **Bacalao** (*Gadus morhoa*): Kabeljau, der getrocknet Stockfisch genannt wird. Der Fisch ist das ganze Jahr über erhältlich und sein Rogen sehr delikat. Die Cubaner essen auch den getrocknet und gesalzen.

KÖRNER, FRÜCHTE UND GEMÜSE

Gelbe Erbsen – **Chícharos** (*Pisum Sativum*): Getrocknete Erbsen, die meist in Suppen oder als Püree gegessen werden. Sie müssen sehr lange gekocht werden, bis sie weich sind.

Kaffee – **Café** (*Coffea*): Der Handel mit Kaffee ist, neben Zucker und Tabak, eine wichtige Einnahmequelle Cubas. Kaffee wird sehr stark und schwarz getrunken, das Pulver ist etwas dunkler.

Kochbanane – **Plátano macho** (*Musa paradisiaca*): Die Kochbanane gehört zur Familie der Fruchtbananen, ist aber etwas größer und weniger süß. Sie kann erst nach dem Kochen oder Braten verzehrt werden und wird in Cuba als Gemüse zubereitet.

Kokosnuss – **Coco** (*Cocos nucifera*): Frucht der Kokosnusspalme. Das Fruchtfleisch ist schneeweiß und muss von der äußeren harten Schale getrennt werden. Kokosnussmilch ist trotz ihres hohen Fettgehaltes sehr erfrischend.

Kürbis – **Calabaza** (*Benincasa hispida, Curcubita pepo, Curcubita moschata*): Das runde, große Gemüse wird für Suppen, Eintöpfe, als Salat und für Nachspeisen verwendet. In Cuba existieren drei Sorten, zwei tragen den Namen des Landes, aus dem sie mitgebracht wurden: Chinesischer und Kastilischer Kürbis. Daneben gibt es noch den Muskatkürbis.

Limetten – **Limones** (*Zitrus aurantifolia*): Sie werden für Speisen und Getränke verwendet. Es gibt verschiedene Sorten, die beliebtesten sind die kreolischen Limetten (*limones criollos*), weil sie sehr viel Saft haben. Zitronen nennt man französische Limetten (*limones franceses*), sie werden kaum verwendet.

Mais – **Maíz** (*Zea mays*): Mais ist die am häufigsten verwendete Getreideart in Cuba. Er wird auf verschiedene Arten zubereitet. Der unreife Mais (*maíz tierno*) wird als Gemüse betrachtet.

Mango Pulpe – **Pulpa de mango** (*Mangifera indica*): Kernloses und zermahlenes frisches Mangofleisch. Ist aromatisch und sehr süß. Hat eine dickflüssige Konsistenz und dunkelgelbe Farbe. Man bekommt es in Dosen im Asienladen.

Maniok – Yuca (*Manihot esculenta, Euphorbiaceae*): Diese kartoffelähnliche, stärkereiche Knolle hält sich sehr lange, wenn sie geschält und tiefgefroren wurde. In dieser Form erhält man sie hier im Asienladen.

Mojo Der *Mojo* oder *Adobo* ist eine cubanische Marinade aus dem afrikanischen Erbe. Die Mischung aus Knoblauch, Salz, Zwiebeln, Pfeffer und dem Saft von Sauren Orangen ist für fast alle Fleisch- und Fisch-Sorten die traditionelle Würzung. Diese werden damit ca. 1 Stunde vor der Verarbeitung eingerieben.

Okraschoten – Qimbombo (*Abelmoschus esculenta*): Ein etwa 8 cm langes, immergrünes Malvengewächs. Der Kopf wird entfernt, die Schote aber nicht geschält. Um zu vermeiden, dass die Okraschoten gelartig werden, gibt man beim Kochen etwas Zitronensaft oder Essig dazu.

Papaya – Fruta bomba (*Carica papaya*): Ein ovales, gelb-grünes Melonenbaumgewächs mit saftigem Fruchtfleisch und schwarzen, weichen Kernen.

Reis – Arroz (*Oriza sativa*): Es gibt verschiedene Sorten Reis, der übliche in Cuba ist der sogenannte »Reis der Erde« (arroz de la tierra). Er ist, ähnlich deutschem Vollkornreis, weder vollständig ausgehülst noch poliert und hat dadurch einen hohen Nährstoffgehalt.

Reis wird in Cuba körnig, weiß oder mit Safran gefärbt gegessen und meist mit Bohnen serviert. Für ein cubanisches Mahl eignet sich hervorragend Basmati-Reis, der im Asien-Laden erhältlich ist – obwohl die Cubaner diese Sorte selbst als parfümiert betrachten würden. Auch Patna-Reis und andere Langkorn-Reissorten lassen sich gut in cubanischen Gerichten verarbeiten.

Das asiatische Korn wird traditionell in reichlich Wasser gekocht, bis es weich ist, das restliche Wasser abgeschüttet. Auf cubanische Art nimmt man dieselbe Menge Wasser wie Reis und lässt den Reis mit einer Prise Salz zugedeckt kochen. Ist das Wasser fast vollständig verkocht, wird der Reis ca. 15 Minuten auf sehr schwacher Hitze weiter gegart. Nicht umrühren!

Saure Orangen – Naranja agria (*Citrus aurantium, Rutaceae*): Tropische Orangenart zum Würzen von Fleisch und Fischgerichten, die hier nicht erhältlich ist. Limetten- oder Zitronensaft bieten sich als Alternative an.

Schwarze Bohnen – Frijoles negros (*Phaseolus vulgaris, Leguminosae*): Getrocknete, schwarze Bohnen, die in Wasser weich gekocht werden. In Cuba werden sie zu jeder Jahreszeit gegessen und gehören zu den Hauptbestandteilen der kreolischen Esstische.

Süßkartoffeln – Boniato (*Pomoea batatas, Convolvulaceae*): In Cuba existieren mehrere Sorten von Süßkartoffeln, die geschmacklich variieren. Meistens werden sie wie Kartoffeln geschält und, um ihren Geschmack zu unterstreichen, gelegentlich mit etwas Zucker gekocht. Die Süßkartoffel gehört zu den beliebtesten Gemüsearten der Insel.

Taro – Malanga (*Colocasia esculenta*): Eine runde Wurzelknolle mit dunkelbrauner rauher Schale und festem trockenen Fleisch. Hat eine klebrige Konsistenz und wird in Cuba wie Kartoffeln geschält und gekocht, frittiert oder als Püree zubereitet; letzteres ist das traditionelle Kleinkindessen auf der Insel.

Yamswurzel – Ñame (*Dioscoreaceae alata*): Eine dunkelbraune und unter der Schale weiße Wurzel. Sie existiert auf der Insel in mehreren Arten, hat eine etwas härtere Konsistenz als die Taro und wird gelegentlich an ihrer Stelle verwendet.

Register

Impressum

REDAKTION:
Stefanie Poziombka

LEKTORAT:
Cornelia Schinharl

LAYOUT UND TYPOGRAPHIE:
Claudia Fillmann

UMSCHLAGGESTALTUNG:
Claudia Fillmann,
independent Medien Design

FOTOS: siehe Bildnachweis

HERSTELLUNG:
Renate Hutt

SATZ:
Filmsatz Schröter, München

REPRODUKTION:
Penta Repro, München

DRUCK UND BINDUNG:
Druckerei Auer, Donauwörth

ISBN 3-7742-2723-3

Lázara Izquierdo, geb. 1963, ist gebürtige Cubanerin und leidenschaftliche Köchin. Sie lebt seit 1993 in Deutschland. Die Bremer Literatur- und Sprachwissenschaftlerin hat während ihrer Besuche in ihrer Heimat und in Miami die traditionellen und zeitgenössischen Kochkünste Cubas gesammelt und überprüft. Für dieses Buch hat sie die Rezepte literarisch und kulturgeschichtlich aufgearbeitet.

BILDNACHWEIS:
Titelbilder: Vorne Yvonne Bauer; Runde Bilder von links nach rechts: Barbara Bonisolli, Look: Karl-Heinz Raach; R. Schmitz; Hinten: Focus: Harvey David Alan; Schutzumschlag: Look: Ulli Seer; Alle Rezeptbilder: Barbara Bonisolli; Reportagebilder: Yvonne Bauer: S. 6 links; Judith Haeusler: S. 4 rechts, S. 8/9, 20/21, 27, 55, 69; Zeitenspiegel, Sven Creutzmann: S. 4 links, S. 6 rechts, S. 7, 10, 11, 15, 17, 19, 22, 23, 29, 33, 37, 39, 41, 44/45, 46, 47, 51, 53, 58/59, 60, 61, 63, 68, 71, 73, 75; Glossar: Stockfood Eising

Christine Weiß, geb. 1969, hat den literarischen Text des Buches gestaltet. Sie arbeitet als Sprachwissenschaftlerin und im Bereich Kommunikation und Präsentation in Bremen. Durch ihre Reisen nach Cuba stellte sich darüber hinaus für sie ein persönlicher Bezug zu diesem Buch her.

Barbara Bonisolli gehört zu der jungen Generation der Foodfotografen. Neben gutem Essen gilt ihr Interesse allen schönen Dingen rund um Tisch und Küche. Das ansprechende Ambiente für ihre Fotos gestaltet Barbara Bonisolli deshalb selbst. Zu ihrem Kundenkreis gehören Zeitschriften und Kochbuchverlage, daneben arbeitet sie für Werbung und Industrie.